xueer

学而书坊 —— 学而时习之 不亦说乎

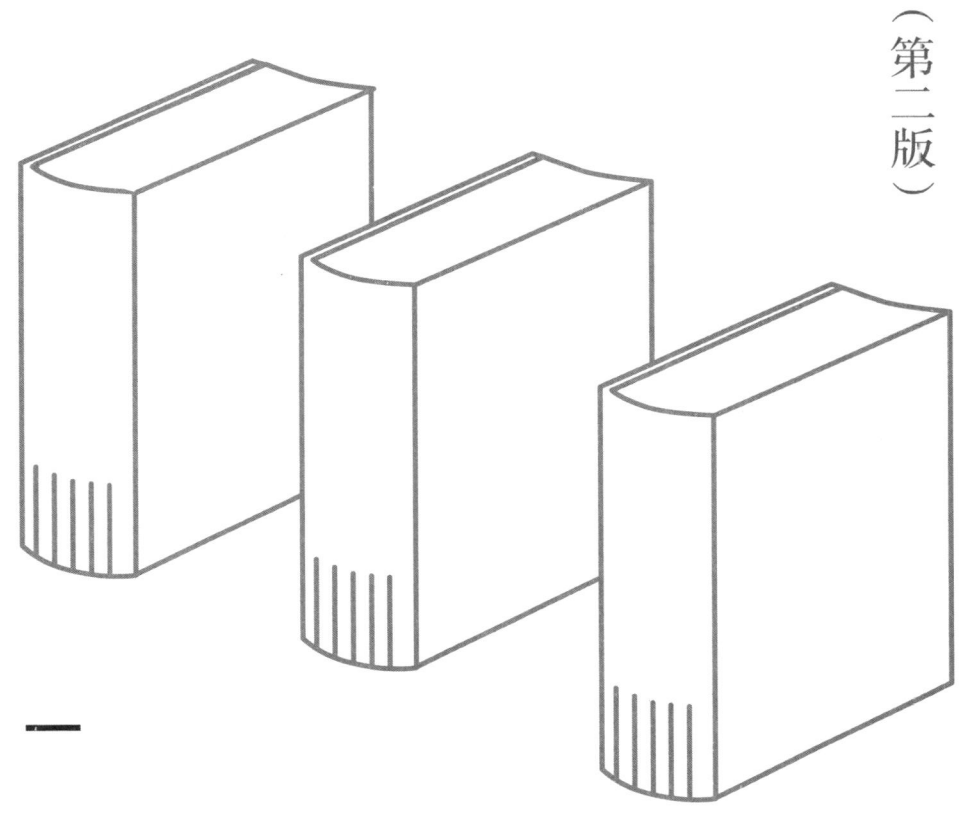

在阅读中完善自我

（第二版）

教师阅读力

JIAOSHI YUEDULI

刘波 著

宁波出版社
NINGBO PUBLISHING HOUSE

图书在版编目（CIP）数据

教师阅读力 / 刘波著. — 2版. — 宁波：宁波出版社，2020.8（2020.11重印）
ISBN 978-7-5526-3953-7

Ⅰ．①教… Ⅱ．①刘… Ⅲ．①中小学—教师—读书方法—研究 Ⅳ．① G635.12 ② G792

中国版本图书馆 CIP 数据核字（2020）第 115333 号

教师阅读力

刘　波　著

出版发行	宁波出版社
地　　址	宁波市甬江大道 1 号宁波书城 8 号楼 6 楼
邮　　编	315040
电　　话	0574-88396353
责任编辑	陈　静　邵晶晶
责任校对	虞姬颖
责任印制	陈　钰
装帧设计	金字斋
印　　刷	宁波白云印刷有限公司
开　　本	787mm×1092mm　1/16
印　　张	16
字　　数	189 千
版　　次	2020 年 8 月第 2 版
印　　次	2020 年 11 月第 2 次印刷
标准书号	ISBN 978-7-5526-3953-7
定　　价	42.00 元

如发现缺页或倒装，影响阅读，请与出版社联系调换　　电话：0574-87248279

序　言

教师阅读是教育供给侧改革的关键

常生龙

时间过得很快。初次阅读刘波老师《教师阅读力》书稿的情景还历历在目，一眨眼六年已经过去了。

六年来，发生了很多变化。刘波老师的工作有了变动，在更大的平台从事教育科研和教师阅读推广工作，特别是近几年的教师"啃读"活动推进得有声有色，受到了各方的关注，取得了良好的效果。教育领域也再一次掀起课程教学改革的热潮，以高考改革、核心素养、深度学习等为标志，启动了课程标准的修订、配套教材的修改，基层学校的改革试点工作更是开展得蓬蓬勃勃，选科走班、小班化教学、职业生涯规划、综合素质评价等一系列措施的实施，促使着学校和教师改变过去的教育管理模式和课堂教学习惯，着力构建学校教育的新生态。我们的国家也进入了中国特色社会主义新时代，即将实现全面建成小康社会的奋斗目标，并在为新中国成立一百周年的时候建成社会主义现代化强国积蓄力量。

在这样的时代背景下，对《教师阅读力》一书进行修订，让这本书能更好地指导基层教师的专业成长与发展,很有必要。我认真阅读了修订后的书稿,发现整体的写作风格基本保持不变,但相关内容绝大部分都进行了更替:不仅进一步完善了"教师阅读力"的理论架构,还充实了大量近年来的实践案例。这使得本书更加贴近一线教师的需求,可读性进一步增强,相信指导作用也能发挥得更好。

(一)

《习近平新时代中国特色社会主义思想学习纲要》(以下简称《纲要》)在谈到供给侧结构性改革时,有这样一段话:"进入新时代,我国经济发展面临的问题,供给和需求两侧都有,但矛盾的主要方面在供给侧。比如,一些行业和产业产能严重过剩,同时大量关键装备、核心技术、高端产品还依赖进口;农业发展形势很好,但一些供给没有很好适应需求变化;一些有大量购买力支撑的消费需求在国内得不到有效供给,消费者将大把钞票花费在出境购物、'海淘'购物上;等等。事实证明,我国不是需求不足,或没有需求,而是需求变了,供给的产品却没有变,质量、服务跟不上。"

这段话针对的是经济领域,但对教育领域同样适用。你看,我们国家的各级各类学校的教育资源丰富而多元,但很多家长却要把孩子送到国外的学校去;我们的公立学校有充裕的教育资源,但很多家长却想方设法把孩子送到民办学校就读;我们的学校给学生准备了多样化的课程和丰富多彩的活动,但学生少有到学校去读书的热切愿望;我们的老师很努力地研究教材、备课上课,但学生的学习热情和学习积极性就是不高……

之所以会出现这样的境况,从根本上看,就是教育的供给侧出了问题。时代在改变,学生和家长的需求也在改变,但教育依然固守传统,供给给学生、家长的教育内容和品质几乎没有什么变化,供给和需求之间的矛盾自然会越来越突出。《纲要》指出:"供给侧结构性改革的根本,是使我国供给能力更好满足广大人民日益增长、不断升级和个性化的物质文化和生态环境需要,从而实现社会主义生产目的。"也就是说,要真正办出大众满意的教育,必须要对供给侧做结构性改革,着力提升教育供给的质量。

在现有教育资源下,提升教育供给的内容和品质的唯一办法,就是促使教师成为终身学习者,通过坚持不懈的学习来提升教师的专业水平。教师学习的方式有很多,包括脱产的学历提升学习、在职的进修学习、立足课堂教学的教学示范与观摩、跨校的教育考察与专家报告等。但最基本、最容易形成的学习习惯,还是持之以恒的教师阅读。苏霍姆林斯基指出:"读书,读书,再读书——教师的教育素养的这个方面正是取决于此。要把读书当作第一精神需要,当作饥饿者的食物。要有读书的兴趣,要喜欢博览群书,要能在书本面前坐下来,深入地思考。"教师只有从阅读中源源不断地汲取新知识,获得新感悟,才能给学生以新知识、新启示,才能保障教育供给的质量。刘波老师之所以在"教师阅读力"上大做文章,就是看到了这一问题的关键。

(二)

在本次的修订中,刘波老师提出"教师阅读力"由阅读动力、阅读能力、阅读毅力和阅读产出四个要素组成,这不仅有利于"教师阅读力"这一概念的深化，更为一线教师检视自身的阅读状况提供了依据。

　　四个要素中，最难具备的是阅读动力。从十八大开始，在国家层面上推动全民阅读已经有快十年的时间了，但教师阅读的状况并没有发生大的变化，伴随着智能设备和数字阅读的普及，文本阅读的状况还有下降的趋势。尽管身处教育改革的热潮之中，很多教师依然停留在教材理解、知识点操练、高分套路等"短平快"的做法和经验层面，缺少对课程内容、课程标准、教育测量与评价等专业知识和理论的系统学习，缺少对学科前沿的关注，缺少对经典和优秀文化的渴求。这一事实充分说明，激发教师阅读的内驱力，让教师充满热情地投入阅读之中，是多么困难的事情。

　　如果询问教师为什么不阅读，最常见的一个回答就是"太忙，没有时间"。课程教学改革和高、中考等系列改革，确实给教师带来了更大的工作量，这是事实，但忙并非教师不阅读的真正原因。不少教师在工作之余将大量的时间交给了智能手机和电脑，在其上频繁进行购物、追剧、打游戏等活动，或者沉湎于微信等各种自媒体之中，为此消耗大量时间而毫不自知。他们不是没有时间，而是不会进行时间管理，也缺乏阅读的动机。

　　教师缺乏阅读动力，与教师对待工作的态度有关。教师工作原本是极富创造力的，面对不一样的学生，面对核心素养培养等新的课改要求，面对不断调整的课程标准和教材，最需要教师发挥自己的聪明才智，将自己的教育思想和教育主张融入这一系列的变革和要求之中，创造性地设计教学流程，高质量地实施教学。但实际情况并非如此，很多教师不断降低工作要求，把原本创造性的工作变成了重复性的劳动,教师彻底变成知识搬运工、习题训练匠。平时缺乏对教育的思考,解决各种教育问题都浮于表面、流于浅薄,甚至想方设法绕道走开,这不仅让教师丧失了创造力,也让教师的文化判断力大打折扣。当工作失去了创造性,教师自然就不需要潜心于学习,也就不会有阅读的动力了。

因为没有养成阅读的习惯,还直接带来了另外一个问题,那就是对书籍选择的无助甚至恐惧。偶尔走进书店,或者到图书馆,看到琳琅满目的图书,不知道该如何选择,不知道自己该读什么,常有茫然无措之感。为了避免让别人看到这种窘态,最简单的办法就是远离阅读,至少不在他人面前谈论与阅读有关的事情。这也导致了一部分教师缺乏阅读动力。当然,缺乏对自己职业生涯的系统规划,也是教师缺乏阅读动力的原因之一。

其实,每个人都是充满好奇心的学习者,都有探究世界的冲动和与人沟通的渴望。当下最需要做的,就是将教师的这些内在动力给激发起来。在这个过程中,有三股力量非常重要:一是榜样的力量。以通过阅读取得成功的教师为榜样,从他们的成长历程中汲取阅读的动力。刘波老师的这本《教师阅读力》以及他本人的阅读故事所起的就是这样的作用。二是同伴的力量。虽然阅读是一件私密性很强的事情,但在缺少阅读动力的情况下,同伴互助还是很有用的。因为同伴的监督,所以会尽可能去完成大家约定的读书任务,在这个过程中,不知不觉就会养成阅读的习惯。三是专家的力量。著书立说的作者、出版业的从业人员、研究阅读的专家等,在阅读和写作方面都有自己独到的思考和见解,他们和教师之间的互动与交流,会让教师的阅读动力像跳动的心脏那样始终铿锵有力。刘波老师显然非常善于协调这三股力量,并为此做了大量卓有成效的实践,本书中有丰富的案例可以佐证。

(三)

解决好了阅读动力,阅读力的其他三个要素实现起来会相对容易些。

阅读能力大体包括如下几个方面:一是认读语言的能力,包括能够正确识别所阅读的文字、符号、图表等语言信息的能力,这是最为基础的能力。我们在阅读的过程中,常发现有些专业书籍语言比较深奥、晦涩难懂,就是因为我们没能进入这个领域的专业话语体系之中,虽然每一个汉字、每一个符号都认识,但对它们在特定领域的意义不甚了解。有时候,即便是我们非常熟悉的文字和符号,如果不够仔细,也会导致误读。比如说"帽",该字的右上部分"曰"就常被人写成"曰"。因为这一书写的错误,要解释"帽"字的字源就困难了。二是理解语言的能力。这需要教师广泛调动认知和元认知能力,以形成对所阅读文本的不同层次的理解。要提高理解能力别无他法,只有通过广泛的阅读。我在阅读的过程中,有一个习惯性的做法,就是选择同一专题不同体裁的作品,在一段时间内进行深度的、多元化的阅读,在不同作者、不同风格文本的学习和比较中深化理解,形成自己的见解。三是评价语言的能力。通过阅读,提取文本中的核心观点,并依据自己的理解对其进行分析和评价,如果能用文字表达出来,和别人进行交流,就更有价值了。评价他人的观点需要运用联想、推理、类比、比较等多种思维方式,这也是训练自己思维能力的途径。四是应用语言的能力。在阅读的过程中,总会有一些观点让你怦然心动,总会有一些话语让你会心一笑,这些触动心弦的语言和思想,必然会在教师的心灵中留下深刻的印象,成为教师重要的精神财富。同时,这也会给教师运用语言提供重要的积累和保障,在需要的时候帮助教师恰当地使用这些信息,满足特定的目的或需求。

教师的阅读毅力,一方面取决于他的阅读动力,另一方面取决于他的自制力。有了阅读动力之后,一定要做好以下几件事情,让自制力充分发挥作用,促进阅读习惯的养成。一是做事要有紧迫感,防止拖延症。很多人做事情,总是要等到最后一刻才动手,这就是拖延症的典型表现。二是做事要专注,学会抗干扰。当下社会的诱惑很多,大多数诱惑都比苦读书要有趣得多,这是一个取舍的问题。三是要建立制约机制,不为自己辩护。最好是将自己的读书计划公布出去,让他人来监督自己,逼着自己必须按时完成任务,不为自己完不成任务找借口和理由。四是让自己远离"舒适区",进入学习区,甚至可以有适度的焦虑。人生活得舒适了就不会想动脑子了,而阅读是需要投入精力的脑力活动。五是不要把阅读的任务交给"明天"。因为有了第一次,就会有更多次,最终你的阅读计划就会泡汤,阅读毅力自然也就荡然无存。我从2006年开始坚持每周读一本书,并写一篇读后感,已经坚持了15年,从来没有因为自己工作繁忙、事情太多、身体不适、出差在外等放松过对自己的要求,正是自制力给了我坚持不懈的阅读毅力。

阅读产出比较好理解,但也是不太容易做到的。很多教师愿意阅读，但就是不愿意将自己的阅读感受写出来。在课堂上口若悬河，但让他写上几百字的心得体会却像要了他的命似的。还有的教师认为写作是文科老师的事情，理科老师只要会解题就行了，这样的误解让一些教师自觉放弃阅读和写作，把表达思想的权利拱手相让。如果说阅读是汲取和输入的过程，那么写作则是释放和输出的过程，是借着阅读梳理文本，总结自己的教育思想或教育主张的过程。每位教师在教育实践的过程中都积累了丰富的经验，有针对教育现象和教育问题的深刻思考，但只有形成文字，才能让这些默会的知识显性化，才能让自己了解这些思考和实践是否符合当前的改革要求，才能明确自己进一步提升的方向。从这个意义上说，阅读产出是教师提升自身教育智慧的重要手段。这个过程也可以让更多的家长、学生以及同行了解自己的教育主张，在教书育人方面形成同频共振的格局。如果因此能有一些文章发表，有一些研究成果出来，甚至有一些著作出版，那就更加有意义了。

（四）

和全民阅读相比较，教师阅读还有其自身的特点。

首先，教师阅读是一种专业阅读，是为了提升自身的专业素养，让教育供给更加符合学生和家长的需求而进行的阅读。因此，教师对阅读的书籍还是要有一定的选择的，不能"捡到篮子里都是菜"。要注重对学科本体知识的阅读和研究，要注重对心理学与脑科学知识的阅读和研究，要注重对课程与教学理论的阅读和研究，要注重对核心素养、深度教学等课程教学改革重点领域的理念与知识的阅读和研究，要注重对国内外优秀文化的汲取和借鉴。这些都是教师专业阅读所要关注的领域。

其次，教师阅读是一种深度阅读。因为要助力自身的专业成长，所以教师所选择的阅读文本中必然会有一些内容是有一定难度的，依据自身现有的水平来理解是有一定困难的。这就需要教师发扬"啃读"的精神，对教育教学形成一种根本性的理解，为解决具体问题提供丰富的知识背景。"不经一番寒彻骨，怎得梅花扑鼻香"，教师要有这样的自信和勇气，去啃几根"硬骨头"，尽快提升自身的阅读水平。

第三，教师阅读是一种示范阅读。在推进全民阅读、建设书香社会的过程中，有三种人很重要：一是学生家长，亲子共读是点燃孩子阅读热情最有效的方法；二是领导，领导对阅读作用的理解和对阅读的重视会直接影响阅读活动的推动；第三，最为重要的还是教师，学校是播撒阅读种子的地方，教师是最为重要的阅读推广人。如果教师成为阅读示范者，事情就会好办很多。

刘波老师在专业阅读、深度阅读和示范阅读方面，都给我们树立了很好的标杆，为我们规划了一条行之有效的道路。

真心希望有一天，教师阅读不再需要推动，也没有教师的阅读经验值得推广。当每位教师都具有阅读力，当阅读成为人们安顿心灵、幸福生活的方式时，教师的阅读生态就形成了，教育供给侧的改革也就水到渠成了。

（作者系上海市教育考试院副院长，特级教师，《中国教育报》"2012年度推动读书十大人物"。）

自　序

提升阅读力，教师需先行

不知不觉间，离《教师阅读力》第一版出版已经有六年的时间了。六年的时间，说长不长，说短也不短。在这六年的时间里，我依然扮演着教师阅读推广人的角色，只是从原先的主要推动一所学校到现在的主要推动一个区域了。这六年也是全民阅读日益受重视的六年，"全民阅读"连续七年被写入总理的《政府工作报告》，国家最高领导人习近平也多次在各种场合强调阅读的重要性。

在全民阅读"七入"总理《政府工作报告》的时代背景下，在移动互联网络的冲击下，2014年到2020年世界读书日发布的关于我国国民阅读状况的调查报告显示，我国成年国民每年人均阅读纸质书的数量始终在4.6本左右，一直没有突破5本。显然，这个数量与其他文化发达国家相比，有很大的差距。尽管数字化阅读已成为不可阻挡的潮流，但传统的纸质书籍阅读依然必不可少。有学者指出，在数字化阅读的时代潮流下，要把深度阅读放到更高的高度。这是很值得我们思考的。

很多调查数据显示，教师的整体阅读状况并不乐观，与其他社会群体相比也没有明显的优势。以教书育人为职业的教师，理应成为全民阅读的先行者和示范者，但在这一点上，教师还远没有做到。从更进一步的意义来讲，教师还承担着未来社会阅读人口培养的责任，教师自身不爱读书，就很难培养出爱阅读的学生。因此，要让更多的教师爱上阅读，这关系到我国未来社会阅读人口的培养，也关系到未来社会综合国力的提升。

《中国教育报》曾有这么一个观点：推动阅读就是推动社会进步。也就是说，更多的人爱上阅读，社会自然就会进步，因此，阅读者就是推动社会进步的微力量。作为众多阅读推广者中的一员，我一直在尽自己的绵薄之力推动社会进步，这也让我的阅读推广之举有了更多的意义。

这六年来，我在相关阅读理论的指导下，用研究的态度来对待阅读推广，在推动一所学校和一个区域的教师阅读上，取得了积极的成效，让越来越多的教师在亲近阅读中加快了成长的步伐。客观地说，在2016年到2019年这四年间，由我作为具体实施人的阅读推广案例三次获得宁波市"校园阅读推广活动优秀案例"评选一等奖，这说明我在阅读推广方面做得还是很有成效的。三次一等奖案例集中在一个人身上的情况，在宁波全市也是唯一的。在这个过程中，我还发表了多篇关于教师阅读推广的文章，并有多项研究成果获奖。可以说，在推动教师阅读上，我不是坐而论道，而是既有实践方面的成功经验，又有理论方面的总结提炼，相关的做法具有一定的借鉴意义。我也应邀在浙江省内外开设过多场有关教师阅读的讲座，我所在的宁波市镇海区推动教师阅读的做法也得到了很多同行的认可。

为更好地做好教师阅读推广，我还阅读了大量的阅读学理论方面的著作和论文，对阅读学有了深刻的理解。借用阅读学的理论来推动教师阅读，使教师阅读推广有了理论上的向导，不只是摸着石头过河的"试错性"探索。

2014年4月，《教师阅读力》第一版的出版，是借了国家大力推动全民阅读的东风。截至2019年12月，第一版的发行量超过3万册，这说明该书深受广大读者的肯定。我也在很多的报刊以及网络上看到了大家对这本书的评论文章。六年的时间过去了，书中引用的有些数据已经年代过久，不太具有参考性价值了，而且本人对教师阅读也有了新的、更深刻的理解。第一版并没有对"教师阅读力"做出界定，因此第二版专门对"教师阅读力"做了界定。这样，有助于以教育工作者为主体的读者朋友更好地理解教师阅读力，进一步提升自身的阅读力。

中国出版协会理事长、原新闻出版总署署长柳斌杰曾在《人民日报》撰文指出："一个人阅读能力的大小，直接影响到他的个人成长和他对社会的贡献。一个国家国民阅读率的高低，国民阅读力的大小，直接关系到国家软实力和综合国力的强弱，影响到全社会的总体文明程度和创造能力。"可见，提升每一个个体的阅读力，关系到国家软实力的提升。让更多的教师爱上阅读，提高阅读力，就是为提高国家软实力和综合国力做贡献。提升阅读力，教师需先行，这应该成为更多教师的自觉追求。

就自身而言，我对阅读以及阅读促进自身的成长也有了新的感悟，这六年一直在阅读的滋养下成长。另外，在推动区域教师阅读上，我也取得了一定的成果，探索出了一些好的做法。因此，本书的第二版补充了很多新的内容，与第一版相比，本次的修订率在80%左右。希望《教师阅读力》第二版能受到大家的欢迎，对大家有更多的启发。

刘　波

2020年4月

目录

≫ 第一辑　教师阅读需提升"观念水位"

什么是教师阅读力 ……………………………………… 003

教师阅读力提升面临的挑战 …………………………… 008

教师读书真的不能不如老板 …………………………… 012

不妨每年多读个三五本 ………………………………… 016

教师应成为全民阅读的"先行者" ……………………… 020

教师阅读不能只挑"软柿子" …………………………… 025

教师阅读要走出几个认知误区 ………………………… 029

教育写作是教师自我成长的垫脚石 …………………… 034

教师阅读力提升不能只靠"樊登们" …………………… 039

让学科阅读和开放阅读并举 …………………………… 043

为自己打造便携式移动阅读库 ………………………… 047

数字阅读和传统阅读要各美其美 …………… 051

第二辑　阅读让持续成长"水到渠成"

职前阅读赢得发展先机 ……………………… 057
在开放阅读中野蛮成长 ……………………… 061
一本书帮我推开教育阅读的大门 …………… 065
在"疯狂补课"中不断进阶 …………………… 069
工作十年，从读者到作者 …………………… 073
就这样成为教师德育专业化的拥趸 ………… 077
不知不觉成为写作多面手 …………………… 082
"以读会友"是人生美事 ……………………… 086
在阅读中练就讲座功夫 ……………………… 090
把读到的门道变成"微成果" ………………… 094
用阅读克服"本领恐慌" ……………………… 098
在延伸阅读中走向更多的书 ………………… 102
阅读推广亦成研究课题 ……………………… 106
成为斜杠型教科研工作者 …………………… 110

第三辑　推动教师阅读的"实用招数"

推动教师阅读是一门学问 …………………… 117
"最忙之人"先读，发挥标杆效应 …………… 121

"共享书架"变办公室为"阅读场" …………………… 125
党政工合力推动教师阅读 ……………………………… 129
让爱阅读的教师多站"C位" …………………………… 133
教师阅读活动就这样贯穿全年 ………………………… 137
德育研讨因阅读而更精彩 ……………………………… 141
共读和个性阅读不能顾此失彼 ………………………… 145
让教师形成订阅专业刊物的习惯 ……………………… 149
让每所学校都有教师阅读推广者 ……………………… 153
"啃读挑战":让教师走出成长"舒适区" …………… 157
牵手作者开展"浸润式"阅读 ………………………… 161
借力译者"啃读"国外教育著作 ……………………… 165
学者助读让读书分享会更有魅力 ……………………… 169
编辑亦是推动教师阅读的外援 ………………………… 173
让读书分享会走进更多学校 …………………………… 177
推动教师阅读要增加教师的获得感 …………………… 181
在教师阅读上要用好"指挥棒" ……………………… 185

第四辑 见证阅读带来的"高光时刻"

在阅读中遇见更好的自己 ……………………………… 191
从"全校十人"到"全市十佳" ……………………… 195
"研之乐"读书会初显魅力 …………………………… 199
"三结合"力量让阅读成为幼儿教师群体新风尚 ……… 203

"啃读挑战",吸引更多教师"躬身入局" ……………… 207

"阅读分享"成为教师培训品牌项目 ……………… 211

阅读让教师走出成长"高原期" …………………… 216

让新教师爱上阅读的秘密 ………………………… 220

让更多教师走上专业阅读之路 …………………… 224

后记　推动教师阅读是"顺势而为" ……………… 228

第一辑

教师阅读需提升「观念水位」

借鉴相关的学术研究和作者的实践探索，教师阅读力可以从阅读动力、阅读毅力、阅读能力、阅读产出这几个方面进行考量。综合这几个因素，教师阅读力提升最重要的是唤醒教师的阅读意识，增强阅读动力。

当前教师阅读力提升面临的挑战、教师阅读的现状、教师阅读要注意的事项、教师阅读中的认知误区、如何开展主动的移动阅读、如何处理数字阅读和传统阅读的关系……跟教师阅读相关的那些事儿，这里都提供了可供参考的答案。

做全民阅读的先行者，这是教师在全民阅读时代应有的责任和担当。让更多的教育人一起前行！

什么是教师阅读力

2014年,《教师阅读力》出版时,我也没有认真思考过"教师阅读力"究竟是什么。这个书名是宁波出版社在书付印前才定下来的。《教师阅读力》出版后,我才有意识地去关注究竟什么是"阅读力"和"教师阅读力"。

当时,我能查到的"阅读力"的概念来自《中国职工教育》2011年第4期的《知识之窗》栏目刊登的一篇文章。这个标题为《什么是阅读力?》、总共就200多字的"豆腐块"文章介绍说:"国际社会也通过'阅读力'评价各国文化建设。阅读力就是指国民的阅读能力,即看书学习、更新知识的自觉程度和实际能力。衡量阅读力的关键指标是阅读率,即有经常阅读行为的国民在全体公民中所占的比例。它通过量化指标反映这一个国家的阅读力高低。通常理解阅读力应该包括这样几项能力:提取信息能力、推断解释能力、整体感知能力、评价鉴赏能力和联结运用能力。"

关于"教师阅读力",当时知网上也仅能查到广东《师道》杂志2008年第9期上的《教师阅读力,挑战未来教育竞争力》一文。这篇文章提到的"阅读力"的概念,就是《什么是阅读力?》那篇文章中所介绍的。

2015年上半年，我在中国知网上检索到了发表在《基础教育研究》2015年第3期的《基于德尔菲法调查的阅读力概念及构成体系初探》一文，第一时间就下载下来学习了。据文中介绍，"德尔菲法，又称专家调查法或专家意见法，是由主测单位组织，通过多次专家咨询、反馈与汇总最终达成一致性结论的一种调查方法。德尔菲法是一种匿名的函询调查，参与调查专家之间不发生联系，只与调查单位发生联系。"因此，该方法具有匿名、保密、真实及广泛的优点。

该课题组在全国范围内，从从事相关理论研究的高等学校专家、科研单位专家和从事具体教学工作的一线教师等群体中遴选了26位专家。课题组在首轮调查结束后提炼出了"阅读力"的代表性概念，在第二轮调查后界定了"阅读力"的概念，再通过第三轮调查了解了专家对此概念的认同程度，最终，在前期调查的基础上，课题组初步确定了"阅读力"概念。课题组得出的最终结论是，"阅读力是阅读者在阅读活动中所表现出的态度与行为、知识与方法、理解与运用等多个面向的综合水平，集中体现为阅读者在已有经验的基础上对文本整体感知、信息提取、整合推论、阐释评鉴以及迁移运用的能力。"

该课题组通过严谨的学术调查，得出的阅读力包括文本整体感知、信息提取、整合推论、阐释评鉴以及迁移运用的能力的结论，与《中国职工教育》中《什么是阅读力？》一文提出的提取信息能力、推断解释能力、整体感知能力、评价鉴赏能力和联结运用能力，表述基本是一致的。为此，阅读力的概念可以参考《基于德尔菲法调查的阅读力概念及构成体系初探》一文中提出的概念。另外，该研究还对"阅读力"和"阅读能力"进行了区分，认为"阅读力"是一种综合水平，"'阅读能力'是'阅读力'的核心维度，主要体现为读者对文本信息的理解与运用能力，'阅读能力'的强弱在很大程度上可以说明'阅读力'的高低"。

2017年3月，我国著名出版家聂震宁出版了《阅读力》一书。此前，我曾经读过他的《舍不得读完的书》，读后很受启发。《阅读力》出版后，我第一时间就买来读了。尽管这本书以"阅读力"为书名，但并没有对"阅读力"进行严格的概念论证。聂震宁先生在书中提到，阅读力，其实就是教育力、文化力、思想力的一部分，对于一个人是如此，对于一个社会更是如此。

现在的教师都受过一定程度的教育，都是有一定的阅读能力的。为此，我们需要从综合水平的角度来界定教师的阅读力。基于态度和行为、知识与方法和理解与运用这三个方面，可以从阅读动力、阅读能力、阅读毅力和阅读产出这四个层面来考量教师的阅读力。

很多关于教师阅读状况的调查报告显示，教师阅读状况不容乐观跟教师阅读动力不足、阅读毅力不强有很大的关系。尽管教师阅读能力有高有低也是一个不容忽视的现实，但是只要教师愿意读，并找到适合自己的方法，阅读能力是能提高的。而阅读毅力与阅读动力和阅读能力是有关联的，如果一位教师阅读动力强，阅读能力也不差，那他的阅读毅力自然不会差到哪里去。而阅读产出是进一步激发教师阅读动力的有效因素，比如通过阅读改进课堂教学，通过阅读提高自己的写作能力，读书心得体会文章发表或获奖等，这些阅读产出自然会反哺阅读动力。

因此，从阅读动力、阅读能力、阅读毅力、阅读产出这四个方面来阐述教师阅读力是适合的。一位教师要想提高自己的阅读力，可以有意识地在这四个方面下功夫，日拱一卒，功不唐捐。

作为浙江教育报刊总社"名师成长"导师库的导师，在2016年和2017年，我在浙江教育报刊总社安排的培训班做了几次"如何提高教师阅读力"的讲座，从这四个方面进行了阐述，有理有据，讲座结束后的反馈不错。

2018年世界读书日期间，我应北京《现代教育报》约稿，写了一篇关于"教师阅读力培植的四个策略"的文章，也是从"增强阅读动力""提升阅读能力""形成阅读习惯""提高阅读产出"这四个角度去阐述的。这里的"形成阅读习惯"和"培植阅读毅力"是差不多的意思。2018年4月23日，《现代教育报》差不多用一个版面，以《专家教你如何提升阅读力》为题，刊登了这篇文章。

有了对教师阅读力的整体把握后，最近几年，我在推动区域教师阅读的实践中，也是围绕这几个层面，在唤醒教师阅读意识、激发教师阅读热情、培植教师阅读毅力、提高教师阅读产出等方面进行了积极的探索，并取得了显著的成效。2018年和2019年，我具体负责实施的两个区域教师阅读推广案例均获得宁波市"校园阅读推广活动优秀案例"评选一等奖。

现在，随着全民阅读的深入推进，全社会对阅读力非常关注。《中国新闻出版广电报》2019年11月29日就以《中小学校校园阅读研讨会热议"阅读力"》为题对北京儿童阅读周进行了报道，"既要阅读率，更要阅读力"的说法也凸显了当下社会对阅读力的关注。

前不久,我在火车站看到一句口号:交通强国,铁路先行。那么,我们不妨也来一句:阅读力提升,教师先行!

教师阅读力提升面临的挑战

前文说到，教师阅读力是一个综合水平，需要从阅读动力、阅读能力、阅读毅力、阅读产出这四个方面去综合考量。现在很多关于教师阅读的调查显示，教师整体的阅读状况不容乐观。

现在教师阅读量少的一个很重要的原因，就是教师自身的阅读动力不足。早在十多年前，我曾读到过朱永新教授写的《教师们为什么拒绝读书》一文，这篇文章中提到，缺乏阅读时间、缺乏阅读习惯、缺乏阅读环境是很多教师远离甚至拒绝阅读的原因。当然，从很多教师的自身原因来说，没时间阅读是最重要的原因。但事实上，最根本的原因还是教师缺乏阅读的需要。在同样的环境下，有不少教师在大量的阅读中加快了成长的步伐。我们不妨好好品味一下华应龙的这句话："老师，因为你不读书，所以工作很忙！"

朱永新教授还说过一句意味深长的话，意思是即便教师有了时间，也未必去阅读，因为他们还有更重要的事情去做。比如2020年春节期间，因为防控新型冠状肺炎的需要，各地教育行政部门都发布了延迟开学的决定。尽管假期延长，但在这样一个特殊的阶段，居家不外出才是为疫情防控做贡献，"家里蹲"是最安全的。对有阅读习惯的教师来说，这是难得的阅读好时光，可以好好读几本书。而那些没有阅读习惯的教师，却并不一定会用阅读来度过这段难得的居家闲暇时间。镇海区"研之乐"读书会在原先开展的寒假全区教师读书征文比赛的基础上，临时增加了"让阅读温暖这个冬天——我的寒假阅读故事"主题征文比赛。这次比赛深受爱阅读教师的好评，很多教师积极参与。最终，全区205名教师参与了这一比赛。后来，"学习强国·宁波学习平台"的《时代新风》栏目以《战"疫"期间，镇海区教师用阅读温暖这个冬天》为题进行了报道。

从某种程度上来说，在阅读上有没有时间，就是有没有把阅读作为一种优先级安排纳入自己的日常工作、学习，说句更实在的话，就是有没有把阅读真正融入自己的生活。如果真正将阅读融入了自己的生活，那么无须找空闲的时间来阅读。而如果把阅读和生活分离，一旦忙碌，自然就不会考虑阅读了。

当下教师阅读力的提升，首先就是阅读动力激发的问题。

阅读动力是跟对阅读重要性的认知和阅读兴趣的培养紧密结合在一起的。现实中，很多教师对阅读重要性的认知表面上是很积极的，但是这跟教师对理论的认知有差不多的表现，就是教育理论是写在纸上的，并没有真正内化为教师自己的需要，因此，对教师的实践基本上没什么影响。而对阅读重要性的认识，很多教师也只是随口说说，并没有真正将其融入自己的生活。当然，阅读动力的激发跟阅读意识的唤醒是紧密结合在一起的，只有真正唤醒了阅读意识，才能更好地增强阅读动力。

要提升教师的阅读力，第二个要重视的就是阅读毅力不足的问题。

现在教师在阅读方面的毅力不足，是一个时代病。前几年，某出版社开展过"死活读不下去的书"排行榜调查，结果我国的四大名著全部上榜，《红楼梦》排在第一位。但事实上，《红楼梦》还是那个《红楼梦》，为什么现在那么多人死活都读不下去呢？究其原因，就是现代人内心浮躁，很难静得下心来去啃大部头的书。甚至有人认为，现在很多人都不愿意阅读超过 1500 字的材料。就阅读毅力的缺失来说，教师也是公众的一员，难以免俗。

要提升教师的阅读力，第三个问题就是要避免沉溺各类短视频。

不可否认，依托移动互联技术发展起来的各类 App 吸引了教师大量的注意力，比如说抖音、快手等短视频 App，让人不知不觉沉溺其中。很多短视频会连着播放，让人停不下来。现在，随着移动数据流量费的降低，手机播放短视频的费用大大降低，短视频的受众越来越多。于是，很多教师都把碎片时间交给了短视频，有时连大段的时间都在不知不觉中被短视频"侵蚀"了。

此外，很多教师承担着大量的非教学任务，这也是教师说自己工作忙碌而远离阅读的一个原因。各级党委和政府部门也意识到了教师非教学任务重这一现实问题，正想方设法减轻教师的非教学负担。但即便是这方面的负担减下来，教师会把时间投入阅读吗？所以这也只是一个美好的假设。正如朱永新教授所说，即便是教师有了时间，也会把大量时间花到自己认为更有意义的事情上去。

所以阅读动力的激发和阅读毅力的培植是提高教师阅读力的重要因素。而通常所说的阅读能力是可以在阅读实践中得到锻炼的，阅读方法也是可以在阅读实践中改进的。也就是说，理由千万条，态度最重要。教师有了阅读动力，阅读能力和阅读方法的问题都可以在实践中解决，阅读毅力也可以在实践中培植。当然教师如能有意识地提高自己的阅读产出，增加自己在阅读当中的获得感，自然能更好地实现一种良性的循环。

当然，在提升教师阅读力方面，营造外部良好的阅读氛围也是很重要的。良好的外部阅读氛围的营造，相当于构建了推动教师阅读的场动力。从这个意义来讲，用各类行政的力量来推动教师阅读是有其积极意义的。

教师阅读力的提升，固然需要良好的外部环境，但更重要的还在于教师自身的动力。正所谓你永远叫不醒一个装睡的人，除非他自己想醒来。

在教师阅读力的提升上，最关键的还是教师要真正唤醒自身的阅读意识，增强阅读动力。如果自我唤醒有难度，不妨借助外部的力量，让外部的场动力来更好地唤醒自身的阅读意识，改进自己的阅读行为，提高自己的阅读能力。

教师读书真的不能不如老板

《浙江日报》2019年8月2日"阅读会"版面刊发的题为《不比"行头"比"书架"》的通讯报道，读来发人深省。据报道，近年来，浙江金华永康"民间读书之风日益浓厚，大大小小的读书社、读书会如雨后春笋般'冒'出来，一时'满城书香'，成为一道亮丽的文化风景线。更难能可贵的是，企业家成了读书会的主力军。从'土老板'到'读书人'，永康企业家的气质变了。大家不再热衷于攀比车子、房子这些外在的'行头'，而是比起了'书架'背后的人生内涵"。

多年前，著名特级教师吴非针对教师阅读状况不理想的现象，曾发出"教师读书不能不如老板"的感叹。而在全民阅读大力推进的当下，教师阅读状况不理想的报道还是经常见诸媒体。我个人关注教师阅读状况源于2007年《新华每日电讯》对上海教师阅读状况不理想这一现象的报道，当时的《有些中小学教师几乎不读"教外"书》的追问，让我很有感触。此后，我也关注过北京的《现代教育报》、浙江的《浙江教育报》等教育媒体对教师阅读状况的报道，总的来说，教师的阅读状况并没有得到根本性的好转。

看样子，吴非老师的"教师读书不如老板"的担忧，并非杞人忧天呀！

就在《浙江日报》赞扬永康企业家读书热情高的同一天,"教师博览"微信公众号推送了一篇题为《教师为什么不喜欢读书》的文章,作者为北京市育英学校密云分校校长、特级教师李志欣。这篇文章分析了当下教师阅读状况不理想的原因,并提出了一些建设性的意见。"教师博览"微信公众号推送这篇文章的目的在于引发教师对教师群体阅读状况的反思,并期望教师能有所改进,其出发点是很好的。而很多读者在这篇文章下的留言,更加值得我们思考。

"老师有时间读书吗,难道他们已经不食人间烟火,不做家务,不带孩子?""读书有时间吗?读书是准备成为专家还是学者?种好别人苗,荒了自家田!!!""混碗饭吃,又不当砖家,读什么书。估计作者是不食人间烟火的砖家,忽悠人而已,大家不要把他说的当真。"

在部分教师看来,因为工作忙碌而不读书,是再恰当不过的理由了。另外,还有教师觉得教师这个职业并不需要太多阅读。或许,正是认为教师这个职业缺乏阅读的需要,才是教师读书少或者不读书的症结所在。

前几年,中国教育新闻网曾刊发一篇题为《引导教师读书岂能是"多此一举"》的评论文章。该文章的大意是为深入推进"书香校园"活动的开展,引导教师多读书、读好书,某县教育局面向全县教师推荐了几本关于教育教学的必读书,要求教师在工作之余读完。结果就有教师说:"教育局真是多此一举,教师读什么书啊,只要备好课、上好课就行了!"从引导教师多读书、读好书的角度来说,此文中的某县教育局的做法还真的不是多此一举,只是在服务上还可以做得再贴心一点。但是部分教师的"教师读什么书啊,只要备好课、上好课就行了"的论调真的已经不合时宜了。试想，如果没有阅读的输入，不接受先进教育的指导，不关注最新的教育方式方法，教师靠什么去备好课、上好课？远离阅读的所谓用心上课，不知道能好到哪里去。套用微信公众号上一篇文章的标题，那就是"教育最好的状态是：教师在认真上课的同时依旧努力读书"。

中小学教师工作忙碌，的确是客观现实。但是因为工作忙碌而忽视了自身的成长，这是一种短视和不明智的行为。很多研究表明，阅读是促进教师专业成长的有效方式。2019年世界读书日期间，《中国教育报·读书周刊》还专门刊发了朱永新教授的《阅读，是教师专业化的根本路径》一文。

在工作和阅读的关系上，有两种截然不同的处理方法。有人因为工作忙碌而远离阅读，一直处在忙碌中无法自拔。还有人认为正是因为工作忙碌，所以更需要阅读。通过阅读来提高自己的工作效率，工作效率高了，自然就不那么忙碌了。从某种程度而言，远离阅读的备课、上课，会让教师处于低水平的勤奋中。更值得警醒的是"备课靠百度"现象，这容易让教师的大脑成为别人思想的"跑马场"，也会让教师进一步远离阅读。

阅读对于教师的意义，不仅在于促进其专业成长，还在于促进其精神成长，增强其职业认同感，提升其职业幸福感。新阅读研究所研制的"中国中小学教师基础阅读书目"就将所推荐的阅读书目分为职业认同、专业发展和视野拓展三大类。

教师在阅读中提升了自己的格局，会对教育工作有更强的使命感，让职业认同和专业成长相互促进，彼此成全，让自己更好地成为高水平的幸福教师。

教育部 2017 年印发的《义务教育学校管理标准》，在第三大点"引领教师专业进步"的第二点"提高教师教育教学能力"中，明确提出"推动教师阅读工作，引导教师学习经典"。可见，阅读正是教师提高自身教育教学能力的应有之义。

在全民阅读"七入"总理《政府工作报告》的今天，以"教书育人"为天职的教师在阅读上不能再"装睡"了，要真正唤醒自己，让阅读真正成为自己的需要，用实际行动让自己成为全民阅读的先行者和示范者。

"教师读书不能不如老板"，这应该为每一位教师自勉，同时教师要将其转化为自己的阅读实践，真正成为新时代的文化人。

不妨每年多读个三五本

每年世界读书日前夕，中国新闻出版研究院均会发布全国国民阅读状况的调查报告。根据《人民日报》2020年4月21日报道，第十七次全国国民阅读调查20日在京发布调查结果。数据显示，2019年我国成年国民人均纸质图书阅读量为4.65本。该报道还显示，近四成成年人自认阅读量少。在全民阅读连续七年被写入总理《政府工作报告》的今天，我国成年国民人均阅读纸质图书的数量还少于2013年的4.77本，这一点值得我们反思。

《你的阅读，达标了吗》，这是《人民日报》报道第十七次全国国民阅读调查结果的标题。这个问题，值得追问我们每个人。对教师而言，面对世界读书日，不妨来盘点一下自己的阅读量。

全年人均阅读纸质书不到5本，可视作教师阅读量的一个参照。自己的阅读量是高于这个平均值，还是拖了后腿，每一位教师都有自己的答案。现在，各地教育行政部门都在大力推动教师阅读，"全民阅读，教师先行""全民阅读，教师领航"等口号，都说明了对教师的阅读要求应高于一般群体。

在新年到来的时候，很多人会给自己立一个"Flag"。在阅读上，在世界读书日到来之际，教师不妨给自己的阅读定一个目标，立存此照，到下一年的世界读书日时，再来盘点一下自己一年的阅读量，看自己会不会再有一声叹息。

阅读量不需要有多宏大的目标，只要在原先的基础上，一年再多读个三五本即可。如果一季度多读一本，一年就多读了四本书。从近几年的统计情况来看，我国成年国民只要一年读了10本纸质书，阅读量排名就进入了全国前10%。

那么一年读10本书难不难？说难也难，毕竟全国只有10%的成年人才能达到这个标准，但说不难也不难，只要下定决心，依靠群体的力量，很多人都能实现。

2018年，我曾开展过这样一次实验，就是"月读一书，每书写千字感悟"的"啃读挑战"活动。在具体的操作中，6本为共读书，6本为自选书。全区有80位教师自愿报名参加。考虑到这个任务的确有一定的挑战性，我要求每一位教师在参与前要提交一份亲笔签名的承诺书，承诺如果不按时提交作业，视同自动退出本次活动，今后三年内不得参与同类活动；若有抄袭等学术不端行为，则要接受组织方通报给所在学校领导的做法。让参与教师填写承诺书，就是要有一种仪式感，要让参与教师认识到这是他自己主动要求参加的，自己要为自己的选择负责。到年底的时候，参与"啃读挑战"活动的教师中，除3人因工作调离等特殊情况，仅有7人未能完成任务。可见，只要真正下了决心，一年读12本书并不是难事，包括读一些并不是自己想读的书。

可以说，"啃读挑战"的做法有点苛刻，但参与者皆为主动参与。

其实，参与的教师本身就有自主阅读的意向，并希望在团队的支持下更好地坚持自己的阅读行为。从很多教师上交的年度"啃读小结"来看，他们认为这是自己 2018 年最值得骄傲的事。有些以前没认真读过几本书的教师，也都感激"一纸承诺"让自己扛了下来。后来，这些坚持下来的教师中，又有 37 人参加了 2019 年的"啃读挑战"活动。而完成 2019 年"啃读挑战"任务的教师，又有不少继续参与 2020 年的"啃读挑战"活动，其中也有一些教师连续三年都参加了。

事实上，这些参与"啃读挑战"活动的教师，很多都是班主任，学校里该做的工作一样没少做，但他们在一年中多读了一些书，让自己的阅读量排名进入了全国前 10%，而且，他们还收获了不少"副产品"——读书心得体会文章在各级征文比赛中获奖，把阅读感悟和论文写作结合起来，提高了论文写作质量等。

现实中，有很多人的确工作很忙碌，因此"工作忙，没时间读书"便成了最好的托词。同样，忙碌成了不少教师远离阅读的最佳理由。但恰恰是那些工作很忙碌的教师读了很多书，在阅读中提高了工作效能，实现了良性循环。

正如特级教师华应龙所说，因为没空读书，所以工作很忙。如果每位老师每年能在原有的基础上多读个三五本书，在读书中提升自己的水平，提高自己的工作效能，自然也就提高了工作效率，坚持个几年，不愁自己没有进步。

曾有段时间，网上关于"996"的讨论比较热烈。教师一年多读个三五本书，还远谈不上"996"。广大教师对于多读书，在认知上是没有问题的，在行动中却踟蹰不前。从心理学的角度来讲，一个人要有所改变，必须走出"舒适区"。在阅读上，教师不妨逼自己一把，对自己狠一点。

一年多读个三五本书，这门槛其实并不高，关键在于能否真正落实。一年多读个三五本书，很多教师也能接受。2020年，"研之乐"读书会在原有的每年12本的区级"啃读挑战"的基础上，推出了由各校自行管理的每年6本的校级层面的"啃读挑战"，吸引了很多教师积极参与。有些教师面对每年12本的任务，心里有点犯怵，但面对每年6本的目标，觉得不存在多大压力。可见，每年多读个三五本的目标，真的不算高。如果更多的教师有每年多读个三五本的小目标并践行之，那么在面对每年世界读书日前夕的国民阅读调查结果时，教师就能坦然面对，无愧于"全民阅读先行者"的称号。

教师应成为全民阅读的"先行者"

2017年教师节前夕，我在《人民日报》上读到《三尺讲台系国运：教师应在全民阅读中作表率》一文，作者为北京师范大学的任翔教授。这篇文章中提到，"推动全民阅读，教师是关键。因为教师加强阅读不仅可以提高自身素质，而且能带动学生阅读、调动家长阅读，从而推动全民阅读"。

读到这篇文章，我感到非常欣慰。我也一直认为教师在全民阅读中应扮演好领跑者和先行者的角色。在2013年仁爱中学暑期教师读书分享会上，我就把"做全民阅读的先行者"作为分享会的主题。同年9月份，我也以"做全民阅读的先行者"为题，与宁波市宁海县后备干部培训班的学员做了交流。

在《教师阅读力》的第一版中，就有《教师应成为全民阅读的"先行者"》一文。2015年，《中国教育报》也曾以《教师应成为全民阅读的先行者》为题，介绍过我的阅读主张。2015年5月1日，《浙江教育报》以《教师，做全民阅读的"先行者"》为题，对浙江省的教师阅读状况做了报道，其中也提到了我所在的仁爱中学的做法和我的一些阅读主张。因为这篇报道，我有幸成为2015浙江教育十大年度影响力人物。

客观地说，最初提出"教师应成为全民阅读的先行者"的观点时，我也不是十分自信，怕被别人说给教师"戴高帽"，进行道德绑架。后来，类似的口号就多了，比如"全民阅读，教师领航""全民阅读，教师先行"等。

可以说，教师自身的职业特点，决定了其在全民阅读中应有先行者的担当意识。现在，全民阅读已成为国家战略，从2014年起已经连续七年被写入国务院总理《政府工作报告》。另外，国家和地方立法推动全民阅读，为推进全民阅读、建设书香社会创造了良好的条件。

目前，我国的物质文明建设有了突出的成就，提高全体国民的"软实力"就显得尤为迫切，这样才能引导人们更好地走上中华民族复兴之路。通过大力推动全民阅读，让阅读成为国民的生活方式，我国国民的整体素质才能得到进一步的提高。

在全民阅读成为国家战略和国家立法推动全民阅读的今天，教师如何扮演好其中的角色，值得每一位教师思考。

一、做全民阅读的"践行者"

教师的全员阅读是全民阅读的重要组成部分，做全民阅读的"践行者"是教师应有的担当。教书人本来就应该是最爱读书的人，但是现在教师群体在这方面做得还远远不够。我曾听过中国教育学会副会长、华东师范大学终身教授、博士生导师丁钢的《当前教师阅读状况》的报告。他在报告中提到，一个很有代表性的调查显示，当前教师阅读最多的是教辅材料。如果，教师只在"教科书、教辅书和教参书"中打转的话，是很难适应形势的发展对教师的要求的。前些年，教育部出台的中学、小学、幼儿园和中职这四个教师专业标准，都对教师的通识性知识提出了明确的要求。

今天的不少教师，以往在学生时代没读过多少书，工作以后也没有形成阅读的习惯，在阅读上存在先天的不足，需要补补课。

在教师的阅读上，学校固然要尽量为教师的阅读创造条件，但教师也应该有舍得为自己的阅读买单的意识。教师稍微在阅读上投入一点，应该是不会影响自己的生活质量的。但是，即便在经济发达的地区，也有为数不少的教师不舍得为自己的阅读买单。因此，如果教师没有形成为自己的阅读、为自己的成长投入的意识的话，那么教师就不会有为自己阅读买单的行动。当教师在自己所处的学校阅读环境并不理想的情况下而拒绝阅读，也是对自己的不负责任。当然，教师在阅读上的投入，不仅仅是经济方面的，还包括时间和精力。

我觉得教师在每年的支出中，应有一笔用于阅读的预算，数额的大小因自己的经济状况而定。根据心理账户的理论，如果教师买书从专用的阅读经费中支出的话，这样是不会感到不舍得，而是应该很大方的。

二、做学生阅读的"引路者"

只有爱读书的教师，才能真正培养出爱读书的学生。从这个意义来讲，教师还承担着为未来社会培养阅读人口的重任。还有一点不容忽视的是，引领学生爱阅读，不仅仅是语文教师的事，而是全体教师都应有的担当，因为，阅读是教育的核心。美国阅读研究专家吉姆·崔利斯认为："学校的教学目标应该是培养终身的阅读者——在毕业后的人生中仍坚持阅读与学习。"我们经常可以在媒体上看到学生高考前撕书狂欢的报道，这是很值得教师反思的。

自己不爱读书的教师，不仅不会为学生创造良好的阅读环境，还会成为学生阅读兴趣的扼杀者。在现实中，我们不难发现有这样为学生"负责"的班主任，他们禁止学生向图书馆借书。教师这样的行为，其实是反教育的。

2013年8月，在华东师范大学出版社举行的大夏书系十年庆典的一个研讨会上，我听到了一个真实的事例。宁波市慈溪实验中学的吕新辉老师自己非常爱读书，他经常在学生午间自由安排的时间带着一本书走进教室认真阅读。后来，他到某位学生家去家访，发现学生买了不少他带进过教室的书，甚至连柏拉图的《理想国》都有。学生说虽然看不懂这些书，但是很多同学都买，"不买没面子"。其实，这位老师从来没有要求学生买过这些书。当然，学生这样盲目模仿的行为并无必要，但这也充分说明了教师身体力行的巨大榜样力量。

教师通过推动学生阅读，并倡导亲子共读，可以间接影响家长的阅读，为学生的阅读营造更好的家庭氛围。另外还有很重要的一点，一个爱阅读的教师，会影响自己的孩子。这一点，我自己深有感触。

三、做各行各业的"示范者"

很多人出国后发现，在欧洲的不少国家，很多公众都把闲暇时间用来阅读。甚至修鞋匠、理发师在工作之余，都会捧着文学名著精心阅读。而在我国,很多的经典名著都被选择性地遗忘了。《光明日报》2013年10月17日刊发的《名著经典 缘何"死活读不下去"?》一文,对现在名著被读者打入"冷宫"的现象进行了聚焦。相关专家认为,经典阅读事关文化传承,如果今天的人们拒绝阅读经典,无异于斩断了历史传承,自绝文脉。让更多的人重新补上经典阅读这一课,是非常重要的。

现在,我国国民"戾气重"的报道也时而见诸报端,缺教养的行为也并不鲜见。假如更多的人能静心阅读一些经典名著,在潜移默化中得到一些"浸润",应该会多几分淡定和优雅。最近,我在阅读《怎样让学生爱上阅读:培养积极的终身阅读者》一书时,也看到有"阅读是'戾气'的消除剂"的表述。

那么,教师群体在全民阅读这一国家战略中发挥积极的示范作用就很有意义了。在"知识权威"不复存在的今天,在很多公众对教育的理解并不逊于教师的今天,教师该如何来赢得应有的尊重,是每一位教师都应该考虑的。教师首先应摘掉"不读书,读书少"的"帽子",成为家长和社会各界阅读的楷模,用广泛的阅读来提高自己的教育素养。教师要真正成为社会上最爱学习、最善于学习的群体,真正成为各行各业在阅读方面的"示范者"。通过阅读来促进自身的专业成长,教师也能更好地享受职业幸福。

做全民阅读的先行者,应成为越来越多教师的自觉行动。

教师阅读不能只挑"软柿子"

于漪老师曾在《中国教育报·读书周刊》上发表过题为《语文教师应当读点"磨脑子"的书》的文章。因为于漪老师是语文教师,这篇文章算是她向语文教师的劝学文。事实上,读点磨脑子的书,应该成为每一位教师的基本修炼。

很多教师在阅读时有这样的体验,有些书很容易读进去,有些书则非常搞脑子,很难读下去。比如,钟启泉教授的《读懂课堂》一书,不少教师就反映很难读懂。但也有不少人认为读钟启泉教授的这本书很过瘾。为什么同样一本书,有些人读不懂,有些人却读得有滋有味?其实,这涉及阅读力的问题。以《读懂课堂》为例,里面有不少教育理论方面的表述,如果一位教师缺乏教育理论方面的积累,书里面的内容对他来说就是陌生的,要理解这样的内容的确不容易。而对有一定教育理论造诣的教师来说,读这本书的时候,里面的很多表述都是有意义的、能理解的内容,读起来自然就很有味道了。

因此,教师在阅读时,不能脱离自己原有的阅读基础。现实中,不少教师表示喜欢读一线教师写的书,因为这样的书没有深奥的理论,大多以案例的形式呈现,读来很有味道。近年来,很多班主任写的书非常流行，也是出于这样的原因。同样，美国名师雷夫·艾斯奎斯写的《第56号教室的奇迹》，被很多学校作为共读书，也是因为这本书属于案例类的书。在浙江教育报刊总社组织的浙江省教师读书征文比赛中，雷夫系列的书曾好几年名列前茅，也证明了这本书在学校的风行。这类书虽然可读性比较强，却也不能贪多，教师只读这一类的书，就不容易长进。

魏智渊老师在《教师阅读地图》一书中，按阅读的难易程度，把专业书籍分成了五类，即案例类书籍、经验型书籍、分析型书籍、原理型书籍和哲学类书籍。按照他的分类，雷夫的《第56号教室的奇迹》为案例类书籍，我国教师都非常熟悉的苏霍姆林斯基的《给教师的建议》属于经验型书籍，埃默的《中学课堂管理》属于分析型书籍，杜威的《民主主义与教育》则属于原理型书籍。因此，在专业阅读上缺乏一定积累的教师"啃"《民主主义与教育》，感觉吃力也很正常。而教育是跟人相关的，因此，哲学类书籍也可被视为教育专业书籍。

这样的分类是很有道理的，那么，教师的专业阅读，要根据自己的实际情况，循序渐进。相信缺乏一定专业阅读基础的教师，一上手就读杜威的《民主主义与教育》，是很难坚持到底的。

知名作家雾满拦江也把人的阅读分为五个层次，一是纯娱乐小说，二是传统经典小说，三是进入史哲领域，四是进入思想领域，五是形成自己的思想体系。

可见，教师读案例类书籍跟读纯娱乐小说差不多是同一个层次的。因此，教师真的不能满足只读案例类书籍，要不断地挑战自我，有意识地读一些对自己有挑战性的书。

客观地说，读有难度的内容，是反人性的，但也正是因为如此，需要有意识地强化自己的阅读毅力。

可以这么说，教师的职业特性决定了教师有时不得不读一些自己不喜欢读的书。比如教师读一些有关教育理论方面的书也是很有必要的。事实上，人在某方面的阅读兴趣是后天培植的。因此，在读难书的过程当中，教师的阅读兴趣和阅读能力会不断提高。

以"研之乐"读书会发起的"啃读挑战"为例，尽管在全年12本书中，参与者是有一定的自主选择权的，但共读的书不一定是自己想读的。正如有些教师所说，要是不参加"啃读挑战"活动，这样的书以往是碰都不想碰的。但是即便是碰到不想碰的书，因为必须要读，还得写读书心得体会文章，咬咬牙也就读下去了。有些教师说，有的书真的看不明白，反反复复看了几遍，总算是读懂了一些。从这个意义上来说，这些教师就是读了点"磨脑子"的书。

2018年的"啃读挑战"活动把钟启泉教授的《课堂转型》作为共读书，不少教师把钟启泉教授的《读懂课堂》《课堂研究》《课堂转型》的"课堂研究三部曲"都买齐了。当一个教师认真读了钟启泉教授的"课堂研究三部曲"，以后再阅读课堂教学改革方面的著作时，自然就不会有一头雾水的感觉了。

有些书可以站着读、躺着读，甚至在如厕时读，但有些书必须是正襟危坐地精心"啃读"。对教师的专业阅读来说，适当读一些"磨脑子"的书是很有必要的。比如新阅读研究所研制的"中国中小学教师基础阅读书目"的专业发展类书籍中，《什么是教育》《思维与语言》《道德发展心理学——道德阶段的本质与确证》等书，肯定不是轻轻松松可以读下来的。但一旦教师多读了几本这一类的书,再读类似的书时就有一种似曾相识之感,读起来就不会那么累了。也就是说,在读"磨脑子"的书的过程中,教师自身的阅读能力就会提高。

我曾经在一本书上读到过这样一句话:如果一个人一辈子只读报纸,那么他的阅读能力就不会得到提高。一般而言,报纸上刊登的内容是让公众都读得懂的,因此不会有什么难度。也就是说,一个人如果老是只读轻松简单的内容,阅读能力是不会提高的。

教师的阅读是职业性的阅读,必然包括阅读一些专业方面的图书。因此,教师在阅读上不能只挑"软柿子",也应针对性地读"磨脑子"的书,让自己在"啃读"难读之书中成长。

教师阅读要走出几个认知误区

正如每个人都能对教育说上几句一样，每个人对阅读也会有自己的理解，不同的看法之间有矛盾和冲突，甚至有些人的观点还会自相矛盾。葛剑雄教授说："媒体上有关阅读的文章不少，但相当一部分是误导。"近年来，我比较关注教师阅读，发现很多名人在阅读这方面说的未必是对的，不少言论都有局限性。

读专业书籍不是阅读？

周国平先生认为，教师读专业书籍就像厨师读菜谱一样，不是真正意义上的阅读，阅读要读自己感兴趣的书，并说自己很幸运，能把研究和兴趣结合起来。所以他认为阅读文史哲方面的书籍才称得上是阅读。

以此逻辑，假如教师对自己的专业感兴趣，读专业书籍也完全可以称得上是阅读。因此，周氏的论述对人对己是两套标准、两套逻辑。

还有一点不容忽视，那就是周国平对教师的专业阅读有曲解。教师的专业阅读不仅仅是学科方面的，更不能进一步窄化为只读教参教辅类书籍。教师专业阅读的范围很宽泛，比如新阅读研究所研制的"中国中小学教师基础阅读书目",将教师的专业书籍分为职业认同、专业发展和视野拓展三大类,其中前两类占比超过70%。《孔子传》《给教师的建议》《教学勇气——漫步教师心灵》等都属于职业认同类书籍,而《教育新理念》《教育人类学》《爱的艺术》《教学机智——教育智慧的意蕴》等属于专业发展类书籍。

从今天的角度来看,教师专业阅读的范围非常广。教师专业阅读除了为教好明天的课,还关系到自身的长远发展。如果从终身备课的角度来说,教师所有的阅读内容都可能为课堂教学助力,而且这样的阅读是无止境的,也是快乐的。因为那些为终身备课而阅读的教师,他们的阅读是自觉自愿的,阅读兴趣也是可以后天培养的。

一定要"非经典不读"吗?

在阅读的金句中,还有这么一个"非经典不读"的高调,搞得我们都不敢读书了。

到底什么是经典,没有统一的标准。北京大学教授王余光认为,我们常说的经典,是指那些具有重要影响、经久不衰的著作,其内容或被大众普遍接受,或在某些专业领域具有典范性和权威性。

很多人认为,经典要经过50年以上时间的洗礼。如此,出版社基本上都可以关张了,因为按这个标准,新书压根就称不上经典,没法读了。我奇怪,那些经常出书的名师大力倡导"非经典不读",而他们出的书并不是"经典",那么让谁去读呢?

朱自清先生曾编过《经典常谈心裁》一书,说是给中等教育程度的国民阅读的,但今天很多接受过高等教育的人也未必读得进去。

钱穆先生曾提出关于人生修养的7本必读书,即《论语》《孟子》《老子》《庄子》《六祖坛经》《近思录》《传习录》,这些仅仅是关于人生修养的,又有几人真正读过呢?

可见,"非经典不读"有点曲高和寡的味道。

我觉得,阅读固然要读经典,但不能拘泥于经典,经典和新书各有各的作用。而且,对处在不同发展阶段的教师而言,他们有不同的阅读需求。

葛剑雄教授在这方面也有独到的见解。他认为做研究的,当然要读经典、学经典,但如果只是想要达到一般的求知目的,就没这个必要。他甚至说:"盲目读经典,也会误人子弟。"

他进一步认为,每个人都要在阅读上学会选择,才会在有限的时间和精力下获得最好的结果。这个选择既要有质的选择、有量的选择,也要有阶段性的选择。比如刚刚入门,就不是去读什么经典、原典,而应先读入门书。

依这个道理,普通的中小学教师和那些做教育研究的学者,在阅读教育经典方面的需求和要求也不一样。不少高校的教授在传授阅读诀窍时,往往融入了并不适合中小学教师的个人经验。

以杜威的《民主主义与教育》为例,这是一本经典教育著作,但如果没有一定的教育理论阅读基础,是很难"啃"下去的。由于要承办镇海区的《民主主义与教育》读书分享会,某小学给全体教师人手发了一本《民主主义与教育》,结果教师们普遍反映读不懂。

可见,对专业阅读基础还欠火候的教师而言,读《第56号教室的奇迹》会比读《民主主义与教育》更有收获。

因此，对于"非经典不读"，不妨这样理解：阅读要有所选择，尽量多读好书。

读专业书还是博览群书？

如何处理阅读的专与博的关系，不同的人有不同的论述。现在很多专家持这种观点：教师要多读非专业书籍。

当然，教师要尽可能扩大阅读面，自然应该多读非专业书籍。但实际上，教师的专业阅读还是不足的。这一点，我从"研之乐"读书会也能看出一些端倪。很多教师在年度小结中表示，他们原先基本上没有读专业书籍的意识，这两年通过阅读专业书籍，感觉非常有成效。

人大复印资料《中小学学校管理》曾全文转载过《上海市中学班主任阅读现状的调查研究》一文，文中公布了对上海小学、初中、高中的班主任阅读状况所做的调查，可信度较高。调查显示，教师的阅读太大众化了，与对其他群体阅读情况调查的结果没多大区别。该调查的研究者大力呼吁教师要提高阅读的专业性，通过专业阅读来促进自身的专业成长。

因此，教师的专业阅读是有一个过程的，要从学科阅读走向综合阅读，这样才能保证自己的阅读既能体现专业性，又具有一定的广度和高度。

试想，教师在教育专业方面的阅读远不如其他职业的人，那么教师的专业立身就成了一句空话。

中国国家图书馆原馆长詹福瑞在《读书之道》一书中指出，不同阶段的人有着不同的阅读重点，适应职业需要是青壮年时期的阅读重点。这一时期的阅读，具有极强的目的性和功利性，由知识的积累自然转入知识的应用，不断增长专业知识和工作技能。教师的阅读自然应该是属于职业性的阅读，其阅读重点是适应职业的需要。

最近，我在商务印书馆总经理于殿利新近出版的《阅读是一种责任》一书中读到的表述很值得我们借鉴。于殿利认为，如果没有一门"专"的方向，就先不要开始"博"。每个人都要有安身立命之本，要有自己的专业领地。如果没有在专业方面下过功夫，没有一专之长，就去讲求博学，是不现实的。

毕竟每位教师可用于阅读的时间是有限的。无视教师专业阅读的基础，在当下教师专业阅读状况还不甚理想的时候，盲目地强调教师要"博览群书"并不妥当。教师要根据自己专业发展的实际情况，制订合理的阅读规划，通过"营养均衡"的阅读来促进自身成长。

教育写作是教师自我成长的垫脚石

2019年10月，第五届浙江书展暨宁波读书节期间，我在宁波书城参加了浙江省特级教师刘善娜《倾听与反思——特级教师修炼日志》一书的首发式。刘善娜是位"80后"教师，2018年获评浙江省第12批特级教师，是目前全省最年轻的小学数学特级教师。

在新书首发式上，刘善娜做了题为"反思中成长，遇见更美好的自己"的经验分享。客观地说，她的起点并不高，1999年从中等师范学校毕业，然后进入偏远农村小学工作。在农村小学工作4年后，又在镇中心小学工作3年，然后进入宁波市奉化区实验小学至今。

一位乡村小学教师成长为名师的动力来自哪里？在分享中，刘善娜提到一个观点：教师要重视教育写作。她认为，参加各类公开课展示和优质课评比的机会并不是每一位教师都有的，但写作却是教师自己能够做主的事情。

她举了自己的一个例子。工作第3年的时候，听了全国模范教师吴正宪的一堂课，有所感触，就用心写了一篇论文。这篇论文被选送到奉化市（后改为奉化区）参加评比，获得一等奖；后来又被选送到宁波市参评，获得一等奖。

从某种程度上来说，这篇论文的获奖给她的专业成长带来很大机遇，成为她成长路上的关键事件，使她得以顺利地进入镇中心学校工作。

多年来，她一直坚持写教学反思，并在 2014 年出版《爱上我的课堂——一位小学数学教师的教学反思日志》。此后，原先寂寂无名的她评上高级教师、宁波市学科骨干教师、宁波市名教师，乃至浙江省特级教师和正高级教师，走上了专业成长快车道。

刘善娜"教育写作教师可以自己做主"的想法很值得渴望成长的教师们借鉴。此外，教育写作背后是阅读和思考，缺少阅读和思考是写不出高质量文章的。其实，教师的写作能力，即教师的阅读产出和转化能力，也是教师阅读力的重要组成部分。现实中对教师的写作成果有考核的要求，而在背后发力的阅读是"隐身"的。教育写作是一种输出，没有高质量的输入，不可能有持续的输出。写作成果自然也是阅读的产出。教育写作的背后是阅读。

现在，各地教育行政部门都非常重视名师工程，花大力气为教师成长搭建平台。教师成长需要"外烁"和"内驱"相结合，教育行政部门做的就是外部推动工作。但是，并不是每一位教师都有机会入选名师工程，进而接受各类高端培训。同样，在各类教学比武中胜出，从而成为官方认定的教坛新秀和专业发展方面的赢家，能有这些机会的教师也是少数。

应该说大多数教师是有心无力，可能在学校层面就被淘汰，自然无缘入围更高层级的各类业务评比。

但在教育写作上就没有限制，每一位教师都可以放飞自我。朱永新教授倡导"专业阅读、专业写作、专业交往"的教师专业发展模式,不少教师早已不再将"三专"模式停留在理论上,而是演绎成自己专业成长的生动故事。

我觉得,在这"三专"之中,专业写作应居于核心地位,教师从写作着手,会倒逼自己去阅读,也会创造更多专业交流的机会。可以这么说,教育写作是促进教师自我成长的垫脚石。

职称是教师专业水平的一种官方认定,申请职称评审需要满足各项条件,其中荣誉称号、优质课获奖不是自己想有就有的,只有论文这一项,每位教师自己最有主动权。

首先,论文写作没有时间限制,教师可以在一定年限内尽早准备好;其次,论文写作并不一定需要上级推选,教师完全可以自己向专业期刊投稿。

用 5 年时间认认真真完成两篇论文,应该不算什么难事,但到职称评审时,很多教师缺的就是论文,一直要拖到最后才把论文材料备齐。教师对职称评审的论文要求牢骚满腹,岂非怪事?

不会写、不愿写、不去写,导致不少教师离教育写作越来越远。职称评审和名优教师评选之所以将论文作为参评条件,就是鼓励教师增强教育写作的意识,如果不这样的话,会有更多教师拒绝教育写作。这一点,从不少教师评上高级职称后就在教育写作上"金盆洗手"中可以得到验证。

最近,我在《让教师不再害怕写作》一书中读到这么一句话:"有些教师宁上 10 节公开课,也不愿意写一篇文章。"或许对很多教师来说,上课是标配,写作则是多余。至于为什么教师不能胜任写作,这本书中说，有些像"广谱抗菌药"，只要遇上动笔的都怕。更有甚者意识缺乏，兴趣不够，能力低下。

不仅是教育行业，根据新的国家标准，一级美发师、一级茶艺师、一级电梯维修工都有写论文的要求。这也充分说明，每一个行业中的领军人物、高端人士，都需要用写作来体现自己的专业水平，用写作来与同行交流。那么，对于教师这个与文化息息相关的职业，写作的意义和作用也就不言自明了。

清华大学对所有本科生开设了必修课"写作与沟通"，这一做法引发社会各界热议。《人民日报》刊发评论，题为《把写作视为一种基本能力》。

最近，获得"人民教育家"称号的于漪老师大力倡导教师进行教育写作。她认为，教师教育写作的主要目的不是成为作家，而是在教育写作中提高思维能力，从而改进课堂教学，更好地服务学生成长。教师要把教育写作融入自己的职业生命。

需要引起注意的是，教师需要进行教育写作，但在这方面不能太功利，不要过于追求论文发表或获奖的数量。因为对教师来说，他们的本职工作是教书育人，教师的业绩主要体现在自己的工作对象——学生的身上。

教育写作是师生成长的一条途径，教师通过自己的成长，高质量地完成教学，服务学生的成长。如果教师一心忙于写作，忽视了自己的本职工作，那就是本末倒置，这样做是不可取的。有的学校对此有很好的制度引导，既重视对教师论文发表和获奖的奖励，又对奖励实行封顶，体现了对"度"的把握。

论文不是一个晚上写出来的，教师日常要多积累，记录自己的学习所得、日常思考，凡是有动笔的机会要勤加练习，如认真撰写工作计划、工作总结、读书笔记等。

在日常写作过程中，教师要有代表作意识，即在一段时间内写出几篇像样的文章，用来投稿或参加评奖。如果文章发表或者获奖，就为教师继续写作增添了动力，教师有了外部激励，就会逐渐把教育写作作为自己的一种专业生活方式。

教师成长最终是一种自我成长。重新认识教育写作的价值，做教育写作的积极行动者，将外部条件转化为内在动力，才能真正促进教师成长。

教师阅读力提升不能只靠"樊登们"

在当下知识付费盛行的浪潮中,樊登绝对是个弄潮儿。樊登抓住了当下国人在阅读上的一种焦虑感,成功地把讲书做成了一门生意,而且是营业额大得吓人的生意。从某种程度上来说,樊登真的是新时代"知识就是财富"的形象代言人。

我曾读过樊登的《读书是一辈子的事》,最近又读了他的新书《读懂一本书:樊登读书法》。樊登在这本新书中提到,每个人都要有自己的主业,同时别的能力也不能太差,这也是当下流行的要成为瑞士军刀型的人的特点,即一点突出,其他也不弱。他认为,樊登读书会不能帮你做到"一点突出",因为那是你自己的专业,需要你自己长期深耕,但是可以帮你做到"其他也不弱",营销、沟通、管理、亲子、投资都包含在这里面。

对教师而言,跟着樊登读点书是好事,但是在阅读上仅依靠樊登也是不行的。

樊登读书会,每周读一本书,读的都是些大众类的书,也就是说,樊登读书会所读的书,跟专业是不搭边的。对于这些书,照单全收也是不现实的。毕竟,教师的时间有限,要形成合理的阅读结构,要在阅读上做到"营养均衡"。

樊登的话，就充分说明了他的读书会虽好，但不能包打天下，不能解决一个人所有的读书需求。因此，教师的阅读，不能仅仅依靠"樊登们"，更需要自己在专业阅读方面的深耕。

"为什么读，读什么，怎么读"是教师阅读必须关注的三个问题。"为什么读"这一认知问题是必须解决的。有了正确的认知，才可能有正确的行动。读什么和怎么读，其实就是方略问题了。正如，做正确的事要比正确地做事更重要一样，方向比方法更重要，教师读什么比怎么读更重要。

关于教师的阅读，我从三个地方看到了结构和比例的划分。魏智渊在《教师阅读地图》一书中提到，教师的"本体性知识""专业知识"和"人类基本知识"需要各占50%、30%和20%。本体性知识，即所教学科知识，是从事教育职业的人所必须具备的核心知识，不同学科的教师有不同的本体性知识的要求；专业知识，是从事教育职业的人所必须具备的专业基础知识，包括教育学、实践教育学及课程理论、教育视野、教育管理、职业认同、心理学等；人类基本知识，不仅针对教师而言，是所有人应该具备的人类基本知识，构成了专业阅读更广阔的背景，这也就是其他分类中所说的通识。《教育时报》总编辑刘肖在《漫谈教师的专业阅读》一文中也秉持同样的观点。我在上海市黄浦区教育学院原常务副院长潘裕民所著的《教师专业发展的理论取向与实现路径》一书中也看到了同样的说法。可见，关于这种类型的教师阅读结构的比例，已为不同类型的研究者所认同。

当然，基于教师阅读的现状，教师阅读并不一定要严格按照这样的比例进行，但是这样三种分类的阅读是值得教师关注的。特级教师闫学认为，一个真正优秀的教师应有完善的知识结构、精深的专业知识、深厚的理论基础和开阔的人文视野。要成为一名真正优秀的教师，这三个板块的知识缺一不可，教师必须具有开阔的、丰富的、彼此融通的知识背景。

可见，教师在阅读上要注意结构的均衡，不要只读某一类的书，也不能因为某一类书好读就多读，而忽略了其他类型的书。

2016 年，新阅读研究所发布的"中国中小学教师基础阅读书目"将所推荐的阅读书目分为职业认同、专业发展和视野拓展三大类，这是不分学科的，但不同学科的教师还有着跟自己学科相关的阅读需求。

教师的阅读可以这么来分析。作为具有一定素养的现代人，教师可以读一些大众类的书，这是第一个层面。作为教育人，教师需要读一些教育工作者应该读的书，这是第二个层面。跟自己的岗位结合，比如学校管理者、班主任、不同学科的教师，有更细分的不同类型的书，这是第三个层面。可以说，每一位教师既要阅读一些共性的东西，也必须要有适合自己的个性化的书单。包打天下的书单是没有的，即便有好的书单，也只是解决了一部分的需求。

现在以樊登为代表的"樊登们"很热，他们在推动全民阅读中发挥了积极的作用。但是也不可否认，现在知识付费也是抓住了人们在学习方面的焦虑心理，不少人成了资本"割韭菜"的对象，交了不少冤枉的"智商税"。现在，写拆书稿成了一门很好的生意，而写拆书稿的人对原著的理解并不透彻，往往加入了很多自己率性的解读。因此其他人在听书的时候，听到的是"注水"的三手甚至是四手的知识，这样还能学到多少真东西，真的是需要打个问号的。

当然，教师听听"樊登们"也未尝不可，把碎片时间利用好也是挺不错的。但是，教师不要觉得牵手"樊登们"之后，阅读量就很大了，就沉浸在这样的"勤奋学习"的自我感动中了，这是万万不可的。

教师如有兴趣，不妨把跟"樊登们"的阅读作为"点心"，因为这毕竟只帮教师解决了部分的阅读需求。教师在阅读上的"主餐"，还是需要靠自己去寻找合适的书，为自己建立合理的阅读结构。

让学科阅读和开放阅读并举

教师阅读，除了读各类著作，教育专业刊物也是必不可少的。阅读专业刊物同样是促进教师专业成长的有效途径。事实上，很多名师都是在牵手专业刊物中成长起来的。2016 年，我在阅读常生龙先生《给教师的 5 把钥匙》一书时，读到他参加工作后做的几件事，第一件就是给自己订阅了能订到的全部的学科刊物，我很受启发，还写了篇《专业刊物应成为教师标配》在《浙江教育报》刊发。

《中小学数学》的编辑在 2009 年发表了一篇编读往来文章，大意是很多数学教师还缺乏自费订阅专业刊物的习惯。该文作者还提到，他曾经给许多数学教师提过建议，希望他们能够每年自掏腰包订阅两三种专业期刊，并经常关注或翻阅七八种期刊（一般应由学校图书馆、资料室常年邮订）。若能长期坚持，完全有可能成为一名出色的、有学问的教师。的确，这是促进教师专业成长的有效途径。因为专业期刊可以作为教师自主学习的信息源，可以作为教师自主成长的资料库，同时也为教师提供了发出声音的渠道。

每个学科都有自己的学科刊物。有位校长曾说，如果教师不经常关注本学科的三份有影响力的刊物，就不能算是一个好老师。假如一个教师不清楚自己的同行现在在想什么，自己学科的最新热点是什么，你如何能在自己的学科上走得更远？这样，自己也不能更好地吸收本学科的最新动态，不能站在学科教学发展的"制高点"来看问题。

很多教师抱怨自己不会写学科论文，也不知道什么样的内容有价值。这样，有些教师因为缺乏论文而无缘职称评审，而有些教师"曲线救国"，通过买论文的形式来弥补这个缺陷。有些教师可能因此投机取巧，有些教师则是上当受骗，既浪费钱财，又错过参加职称评审的机会。其实，多阅读学科专业刊物，就能走出这样的困境，摆脱职称评审缺乏论文的尴尬。事实上，一个教师如果坚持阅读学科教学刊物的话，在几年内写出几篇像样的文章也并不是难事。如果一个教师从来不看学科教学专业刊物，在短时间内自然是难以写出达到发表水准的文章的。阅读专业刊物，不仅能促进自己的教学，提高自己的写作能力，还能促进学科教研。而且，投稿必须有的放矢，针对不同刊物、不同栏目的要求投稿，否则就是"提着猪头找不到庙门"。多研读学科专业刊物，也能为自己的文章找到好"婆家"。

教师不仅需要阅读学科专业刊物，也需要阅读综合教育类刊物。现实中，有些学科名师在自己的学科上很投入，也经常研读学科专业刊物，但缺少对综合教育类刊物的阅读。尤其有些学科名师走上学校管理岗位后，因为缺少综合教育类刊物的阅读积累，就不大会写学校管理方面的文章。其实，很多学校管理人员也缺少对综合教育类和学校管理类刊物的阅读，因此在学校管理的特色和亮点提炼方面存在不足。

综合教育类刊物，如《人民教育》《教师博览》《教师月刊》《师道》《今日教育》等，这些刊物能够让人跳出学科看教育，让自己的视野更加开阔，对教育有更深刻的理解。当然，不同发展阶段、不同岗位的教师对综合教育类刊物的需求是不同的。

德育类的刊物，本质上和综合教育类的刊物没有什么区别，不过，有些德育类的刊物指向比较明显，比如《中国德育》《中小学德育》《班主任之友》《中小学班主任》《班主任》《德育报》等。随着教师德育专业化的推进，教师更需要关注这方面的刊物。

有些班主任从来不阅读德育类的刊物，全凭自己的经验以及对身边同事的观察来管理班级。有些班主任制定的班规都是违反相关规定的，自己却浑然不知。如果能阅读一些德育类的刊物，学习一些好的经验，就能提炼一些好的做法。因为你会觉得刊物上所登的内容是似曾相识的，自己也有差不多的做法，但是自己不会从这个角度去看问题。现在，很多班主任在参评骨干班主任时，说自己的班级管理工作很好，但缺乏相应的支撑材料，这其实是一个很大的遗憾。教师在德育方面上的写作，是有一个很开阔的天地的。比如有些教师不是因为学科教学而出名，而是因为班主任工作而出名的，像南京市优秀班主任陈宇、杭州市优秀班主任郑英等都是因班主任工作做得好，在德育研究上有成效而走得更远的。

我原先在仁爱中学时，曾留意过班主任专业刊物的订阅状况，发现有一半左右的教师不订阅德育类刊物。2019 年，我对全区部分学校的班主任的阅读状况进行调查时，发现不订阅德育类刊物的班主任的比例更高。可见，如何引领班主任进一步阅读德育类的刊物，是班主任专业成长过程中必须要关注的一个现实问题。

就我本人来说,最初只是阅读学科专业刊物,但走上学科专业刊物和综合教育类刊物并举之路后,我的视野进一步开阔了,工作效率提升了。我自己在写作、讲座时的一些思路就来源于日常阅读《人民教育》《中小学管理》等刊物。

在教育刊物的阅读上,学科阅读和开放阅读需要兼顾,不能顾此失彼。如果教师因为喜欢综合教育类刊物而忽视学科阅读,也是不可取的。

为自己打造便携式移动阅读库

现在，我们每个人都有很多碎片时间，教师也不例外。很多人把碎片时间交给了微信朋友圈或者浏览新闻。其实，碎片时间也可以成为移动阅读的黄金时间。

2015年8月，我在《中小学管理》上发了一篇题为《个人移动知识管理：助云时代教师"自成长"》的小文，这篇文章随即被《福建教育》转载。后来，《福建教育》的编辑还约我写了《打造随身"资料库"：让知识触手可及》一文。

最初，我是从移动知识管理的角度，去考虑建立一个便携式的移动资料库。其实，这样的移动资料库，同时可以变身为移动阅读库，为移动学习提供适宜的阅读资源。这样，碎片时间的阅读，就可以将打发时间或者被动阅读一些内容变成主动进行移动学习了。

打造便携式移动资料库需要借助云笔记，这样的云笔记App有很多，比如印象笔记、有道云笔记等。我个人使用的是印象笔记，从2014年开始一直用到现在，并从免费版一路升级到专业版。后来，我看到很多知识管理界的达人也都在使用印象笔记，这也进一步坚定了我使用印象笔记的决心。印象笔记可以在电脑端、手机端和平板端实现信息快速同步，日常在电脑端操作，手机端和平板端主要用于阅读。

我为自己打造便携式移动阅读库时，主要是做好三个转化。

一、做好相关电子报的转化

我每天都会浏览一下《人民日报》《光明日报》《新华每日电讯》《中国青年报》《中国教育报》等电子报，在看到自己感兴趣的内容时就复制到印象笔记上。这样，就把相关资料变为己有了。在使用印象笔记前，我也会下载一些网页，但由于归类不及时，时间长了，就"变宝为废"了。而印象笔记就相当于一个操作平台，查找相关资料比较方便。

比如《新华每日电讯》2020年1月21日《每日一评》栏目刊登的评论文章《"寒假不是用来休息的"，那干吗要放假？》，这篇评论文章是针对自媒体上每到假期就会现身的"假期是用来反超的"这类制造焦虑的营销文而发。我也一直持相同的观点，读到这篇评论自然很开心，第一时间就保存到印象笔记了。另外，我还做了个截图，放在同一条笔记里，以便以后调用。又如，《光明日报》每周二都有《教育周刊》，上面不少文章我都比较感兴趣，我会把感兴趣的文章复制到印象笔记里，利用碎片时间在手机端阅读。

二、做好微信文章的转化

通过关注微信公众号"我的印象笔记"，就可以把微信公众号上推送的文章和微信朋友圈里转发的文章一键保存到印象笔记。这样,即便是微信公众号删除了推送的文章,保存到印象笔记的材料还是在的。有些微信公众号推送的文章很有价值,我可以先保存到印象笔记,有空的时候再慢慢看。比如,可以利用坐地铁、等公交等碎片时间,在手机上看保存下来的微信公众号上的内容。

考虑到可读性,微信公众号上的推文会配很多图片,但保存到印象笔记、转化为自己的阅读材料后,有些图片就变得多余了。因此,可利用空闲时间在电脑端把相关的图片删除,这样也可以减少电脑的空间占用量。

三、做好期刊文章的转化

教师做研究时需要阅读一些期刊上发表的文章。期刊上发表的文章,大多是 PDF 格式的,而印象笔记是可以把 PDF 格式的文件作为附件直接打开的,阅读起来非常方便。这样,把在期刊网上下载的文章放到印象笔记,并进行必要的归类,阅读时可以很方便地找到自己所需的文章。

不过,看 PDF 格式的文章,手机的屏幕不够大,最好用平板。我从 2014 年开始就为自己配备了平板,作为自己的移动阅读工具。

另外,印象笔记的每一条笔记都有一个独立的内部链接,可以通过建立几个层次的目录页,打造四通八达的阅读网络。于是,有空的时候,我就在电脑上根据不同的主题,建立资料目录,这样阅读的时候就更加方便了。

为自己打造便携式移动阅读库,就是技术赋能的具体体现。当然,这个便携式移动阅读库里的内容是可以随时更新的:有些内容是自己长期关注的主题阅读内容,可以进行及时的补充;有些内容作为自己近期碎片时间的阅读材料,可以专门准备。

有了便携式移动阅读库,就可以利用随身携带的各类终端,进行主动的移动阅读,把碎片时间变成移动阅读的黄金时间。另外,印象笔记可以随时在手机端输入内容,这样在碎片阅读时有什么想法也可以及时输入,相关内容会同步到电脑上,有需要的时候再进行整理提炼,提高自己的阅读转化力。

正是因为为自己建立了便携式移动阅读库,我充分利用了很多碎片化的时间。用碎片化的时间进行碎片化的阅读,不失为一种有效的阅读方式。同时,移动阅读库也成了我的移动资料库,即便出差在外,需要查阅相关资料的时候,用手机就能轻松搞定。应该说,为自己打造便携式移动阅读库,就是努力让自己成为高效能一族。

数字阅读和传统阅读要各美其美

我国著名出版人聂震宁在《阅读力》一书中提出了"忙时读屏,闲时读书"的阅读主张。这个阅读主张,把数字阅读和传统阅读有机地纳入了整个阅读的范畴。的确,数字阅读和传统阅读要各美其美,这样才能在总体的阅读上做到美美与共。

这里不对碎片阅读、浅阅读、数字阅读等概念做精确的划分,大致就将它们视为一种与传统的纸质阅读或者深度阅读相对应的阅读方式。

我也曾经面向全区 100 多个班主任做过一个小调查,在以纸质阅读为主还是数字阅读为主的选项上,两者的比例不相上下。可以说,在现实中,有不少教师还是把纸质阅读作为自己的主要阅读方式,同样也有很多教师已经把数字阅读作为自己的主要阅读方式。

"开卷是否有益",这个问题以前我们经常争论。2019 年 4 月 17 日,《新华每日电讯》以《数字阅读照样"开卷有益"》为题,对 2018 年我国国民阅读调查状况进行了报道。这篇报道指出,我国国民成年人日均"触屏"(手机)84.87 分钟,数字化阅读成主流。38.4% 的成年国民更倾向于"拿一本纸质图书阅读",比 2017 年的 45.1% 下降了 6.7 个百分点。2019 年，我国成年国民人均手机接触时长增加到了 100.41 分钟。不管怎么说，我们得面对数字阅读成为主流的现实。《2018 中国数字阅读白皮书》显示，我国数字阅读产业规模达 254.5 亿，数字阅读驶入高速车道。

于殿利在《阅读是一种责任》一书中提到，屏幕阅读成为当下阅读最显著的新特征，学者们已经给出了"读屏时代"这样的概念。但是所谓读屏时代，绝不是说读屏已经取代了传统的纸质书阅读，成为唯一的阅读方式。纸质阅读仍然是主要的阅读方式，数字阅读只是提供了一种新的阅读方式。

尽管我们不得不面对数字阅读成为主流的现实，但数字阅读的弊端必须引起我们的关注。我国著名作家王蒙曾说，用浏览替代阅读，用数量替代质量，人云亦云的风气会让大家不太爱动脑筋。其实，这个观点就是通常人们在说的，网络阅读和数字阅读正在重塑人的浅薄的思维方式。

韩国作家高荣成在《极致阅读手册》一书中，在论及读书的大脑和读网络文章的大脑有什么区别时，引用了加利福尼亚大学洛杉矶分校精神医学系教授加里·斯莫尔的研究结果：读书时不活跃的前额叶部分，在阅读网页时极为活跃，而前额叶是负责判断的重要区域。网页上的文章有各种各样的链接，需要去判断该链接是否需要点击。这种判断会一点一点地将我们为数不多的认知资源用完。最终导致我们对文本的注意力分散，理解能力和记忆力下降。

另外，他还提到网络使用者在浏览网上的文章时，并不像读书时一样，成体系地一行一行地阅读。使用者们的视线在网页上呈"F"形移动。具体来说，就是前三行还读到最后，从第四行起，视线开始迅速下移。从这个意义上说，我们读网页，只能说是浏览，并不是真正的阅读。

当然，数字阅读和传统阅读，浅阅读和深阅读不应该截然对立，而是要充分发挥其各自的积极作用。

2019年4月10日，《光明日报》整版以《跳出碎片化　回归深阅读》为题，对网络时代的表达匮乏进行了关注。中国编辑学会会长郝振省认为，"浅阅读是一种浏览式、扫描式、'水过地皮湿'的阅读，其内容主要是资讯或娱乐性图文……浅阅读可以把碎片化的时间、多样化的空间充分地利用起来，变废为宝，帮助人们增加信息量，扩大知识面……浅阅读的局限性在于造成了知识的表象化，使知识很难呈现其系统性、逻辑性、完整性"。他还指出可以"借助浅阅读服务深阅读"，比如"学者专家可以借助移动终端，掌握有价值的问题动态，为深入研究做好准备"。

我觉得《中国教育报》刊登的《"互联网+"来了，阅读思维如何改变？》一文的观点很值得我们思考。这篇文章提到，随着移动互联网的兴起，我们目前进入了微时代，微博、微信、微店、微视频等营销盛行一时，碎片化成了这个时代的基本特征。时间一天一天被碎片化，碎片化阅读也成了数字阅读的新常态。因此，我们不能一概否认浅阅读的作用，现在要做的应当是建立多层次的阅读观，在数字时代把深度阅读提到一个更高的程度来强调。

碎片化阅读盛行，我们更要倡导深度阅读。碎片化阅读无时无刻不在发生，而深度阅读则需要有意识而为之。也有学者提出，现在坚持纸质阅读，不仅仅是获得知识，更是一种修心养性的行为。

可以说，在这个碎片化阅读的时代，更要倡导深度阅读，因为如果不刻意对自己提点要求，就很容易迷失在碎片阅读中。就像前文提到的，多读书有多读书的大脑，多上网就有多上网的大脑，我们不能让自己的大脑成为别人思想的"跑马场"。

好几年前，我曾在《光明日报》读到一篇题为《阅读时代：选择"方便面"还是"佛跳墙"》的文章。这篇文章用方便面比喻电子阅读，用佛跳墙比喻纸质阅读，倒是非常形象。对一个人来说，天天吃方便面会营养不良，但天天吃佛跳墙也并不现实，关键在于如何找到两者间的平衡。

就我本人来说，我行走在数字阅读和传统阅读之间，充分利用数字阅读的便捷为传统阅读服务，让数字阅读和传统阅读各美其美，美美与共。

第二辑 阅读让持续成长「水到渠成」

一个职场"小白"如何成为一名具有一定影响力的研究型教师？一个门外汉如何成为一名有效推动教师阅读的阅读推广人？阅读在其中发挥了很大的催化作用。

有了阅读的主动性，有意识地为自己寻找适宜读物，在阅读中形成自己的主张，凝练自己的成果，遇到良师益友。用研究的态度对待阅读推广，并从中不断磨炼自我。

这是一个新手教师牵手阅读走向高质量发展之路的真实写照。

推开教育阅读之门，走上教育阅读之路，用一直在路上的心态，你必然会遇到更好的自己。

职前阅读赢得发展先机

2006年7月14日，我站在国家教育行政学院的领奖台上，从时任中国期刊协会会长张伯海手里接过全国中小学心理健康教育"十佳作者"的奖牌。这次评选由《中小学心理健康教育》杂志社和《中国教育报》联合举办，而当时的我走上工作岗位才5年。这次评选的含金量并不低，全国知名心理健康教育特级教师钟志农也在本次评选中当选为"十佳专家"。

就我成长的历程而言，那次获奖是一次非常重要的节点。其间，我结识了心理健康教育方面的专家学者，也明确了自己今后的努力方向。对于那次获奖，我心里很清楚，是因为自己下了一步很妙的"先手棋"。

2001年8月，从浙江大学教育系毕业后，我进入了浙江省宁波市镇海区仁爱中学担任专职心理教师。1999年8月，教育部颁布了《关于加强中小学心理健康教育的若干意见》后，中小学开始大规模引进心理学和教育学的毕业生担任专职心理教师。我算是当时较早从事这一行的心理学和教育学专业的高校毕业生。

坦率地说，先行者总是孤独的。当时的我就是一个"三无"人员，无教材、无指导老师、无教研团队。从工作一开始,我挂靠在社会组(政史地),并参加组内的教研活动,但终归是处于边缘状态。

不过,当时的我并不觉得孤独,因为我事先做好了最充分的准备。"只要你认真阅读了某个研究领域近五年的发表成果,你对这个领域就会有深刻的理解。"大学时"教育文献与检索"课上老师的这句话给我留下了深刻的印象。于是,在大学的最后一个学期,我利用浙江大学图书馆丰富的期刊资源,查找并复印了中小学健康领域近五年的研究成果。这样,我对全国各地开展心理健康教育的状况有了大致的认识,对在这一领域已形成特色的武汉等地的做法也有所了解。带着这个"法宝"前行,我对中小学心理健康教育的发展状况有了深刻而又清醒的认识,对走上工作岗位之后的挑战,有了更多的从容与淡定。

我走上工作岗位时所带的"锦囊"中,有一篇文章带给我较深远的影响。当时,我在图书馆查资料的时候,发现自己的心理学老师杨宏飞教授刚刚发表在《教育研究与实验》上的《试析学校心理辅导员常犯的若干专业性错误》一文。我觉得这篇文章对于即将走上这个岗位的新人来说是非常有指导意义的。在这篇文章中,他谈到,不能把"心理症状"当作"心理障碍",这样就会导致片面夸大心理问题的不良倾向。我认识到,片面夸大学生心理问题,一是夸大学生心理问题的检出率,二是滥用心理障碍等专有名词。

为了对学生的心理健康状况有更好的了解,走上工作岗位之初,我在杨宏飞教授的指导下,用心理健康诊断测验(MHT)对学生的心理健康状况进行了检测。由于是自己第一次独立开展调查研究,调查实施、数据录入、数据分析、撰写报告等环节花费了我近三个月的时间。此前自己做了大量的功课,手头有同类的研究报告,这既为自己撰写调研报告提供了参考,同时让自己的调查结果有了对比的依据。这篇调研报告完成后,获得了中国教育学会教育实验研究分会2011年学术年会评比二等奖,后来还入选公开出版的《宁波市第二届学术大会论文集》。我还在宁波市第二届学术大会心理分会场上宣读了在此基础上写成的《科学看待学生心理问题——中小学心理健康教育的重要命题》,成为会上宣读论文最年轻的作者,那时我参加工作还不到一年半。

此后,我也一直关注着这方面的问题。遗憾的是,现实中媒体一直存在片面夸大学生心理问题的现象。不过,我也注意到,教育部中小学心理健康教育专家指导委员会主任林崇德教授一直在公开场合呼吁不要片面夸大学生心理问题,要认识到学生心理健康是主流。

2013年6月20日,我在当天的《中国青年报》上看到《近半数中学生存在心理问题》的报道,该报道称,根据哈尔滨的一项调查,有49.43%的中学生存在心理健康问题,中学生的心理健康水平不容乐观。说实话,我一直对这种媒体片面夸大学生心理问题的做法深感不安,此前也写过并公开发表过几篇相关的文章。于是,我决定结合自己近12年的思考,就这个问题发出一个专业教师的理性声音。我跟《中国教育报》评论版的张滢编辑说了我的想法,她非常支持我,鼓励我把文章写出来。2013年6月26日,《中国教育报》评论版刊发了我的《莫做夸大学生心理问题的"推手"》一文。这篇文章刊发后,获得了较大的反响,新华网、求是理论网、上海教育新闻网等多家网站转载。此后,我又进一步对这个话题进行了梳理,结合学校更好地推进心理健康,写了《理性看待学生心理问题 走正学校心理教育路子》一文。后来,这篇文章在《师资建设·理论与政策版》2013年第4期的"掌控舆论导向与媒体话语权"的专题讨论中作为最有分量的一篇文章刊发。

可以说,大学毕业前夕我为自己准备的"锦囊",为我的工作的有效开展充当了"幕后英雄"的角色。正是有了这样的铺垫,我才逐渐在不间断的阅读中享受着成长的快乐,倾听生命拔节的声音。同时,我也走上了"边教学,边研究"的草根研究之路。现在回首看这段历程,我觉得正是依托了阅读,我的草根研究才更好地走正了路子。

走上工作岗位后,我一直与学科专业刊物为友。因此,我在心理健康教育的科研上做出了不少成绩,并用研究促进了自己的教学。当时,在学校开展的学生评价教师的活动中,我一直受到好评。

在开放阅读中野蛮成长

由于从教伊始，我就与心理健康教育专业刊物为友，再加上此前自己通读了这一领域近五年的相关研究成果，因此，在短短的几年时间里，我就在心理健康教育的科研上做出了一定的成绩，并有幸获得了全国首届中小学心理健康教育"十佳作者"称号。2006年7月，我到北京领奖并参加了心理健康教育方面的高峰论坛。那次北京之行，除了结识心理健康教育方面的专家和优秀同行，还有一个意外收获就是为自己走向开放阅读埋下了伏笔。

在会议期间，刚创办不久的龙源期刊网的工作人员利用各种机会对龙源期刊网进行推广，这让我第一次对期刊网的强大功能有了清楚的认识。此前，自己虽然也知道中国知网、万方数据等期刊网，但由于下载都要付费，所以一直没有仔细关注过。

当时的龙源期刊网属于初创期，出于扩大自身影响力的目的，有着每一篇文章头9次点击可以免费下载的"便利"。于是，我就充分享用了这样的"免费盛宴"，下载了不少自己需要的文章。对我而言，最为重要的是，龙源期刊网在我面前打开了一片教育杂志的新天地。借助这个平台，我对国内的相关教育类刊物都有所涉猎，并遇见了

《师道》《教书育人》《中小学管理》等对我今后起到较大影响的综合教育类刊物。

2007年1月初，《教师博览》特约记者姜广平跟我联系，说《教师博览》要在封二《人物》栏目刊登我的介绍，让我先准备相关的资料。估计是当时获得了全国中小学心理健康教育"十佳作者"称号，《教师报》和《教育信息报》（即现在的《浙江教育报》）都对我进行过介绍。后来我得知，当时《教师博览》正在寻找在基层就业的大学生的典型，这样的好事就落到了我头上。接到姜广平的电话后，我就到阅览室去查找近几期的《教师博览》。读了几期《教师博览》后，我有一种相见恨晚的感觉。其实，还在读大学的时候，我是经常阅读《教师博览》的。走上工作岗位以后，由于专注于阅读心理健康教育方面的学科刊物，我忽略了《教师博览》这个老朋友。

于是，我马上去邮局补订了《教师博览》《师道》《教书育人·教师新概念》《教书育人·校长参考》等综合教育类刊物。从2007年5月始，我就与这些优秀的综合教育类刊物共成长了。关注学校管理类的刊物，一方面是因为自己负责学校教科室的工作，另一方面自己在龙源期刊网上读到过不少相关文章，觉得这些文章自己能写好。对我而言，自己的阅读走向开放，也意味着自己的写作走向开放了。2007年，我结合当时的热播剧《恰同学少年》，写了一篇《不野蛮体魄与不文明精神之叹》，《师道》2007年第七·八期刊发了这篇文章。当然，用今天的眼光来看，这篇不足千字的小文章根本不算什么，但对当时的我来说还是很有意义的，是我的教育写作从学科写作走向开放写作的重要一步。

2007年阅读几份综合教育类刊物，我不仅大大开阔了视野，更重要的是进一步树立了要舍得为成长买单的意识。比如原先我也喜欢到阅览室去翻翻《人民教育》，但有一年学校阅览室的刊物分发到各教研组和学校相关处室，《人民教育》就放到校长那里了，这样，想翻翻《人民教育》就不大方便了。此前，我也没有自掏腰包订阅《人民教育》的意识。但从2007年开始，我就有了这样的意识。于是，2008年，我自费增订了《人民教育》；2009年，我自费增订新创刊的《教师博览·原创版》和《教师月刊》；2010年，我自费增订了《中小学管理》；2013年，我自费增订了《中小学德育》。这样，除学校订阅刊物的补贴外，我一年还自费1000元左右以订阅各类教育刊物。

此外，《中国教育报》《中国教师报》《教育时报》《现代教育报》也陆续成为我重点关注的教育刊物。

自从形成开放阅读的习惯后，我明显感受到了几个变化。

一是自己写作的领域有了更大的拓展。原先只是写心理健康教育学科教学论文或相关的主题征文，后来，关于学校管理、教育科研、教师成长等各类主题的文章都能上手了。记得2008年《中国教育报》一次征稿中，我觉得仁爱中学当时的做法很不错，于是就写了篇《在"聚焦课堂"中落实科学质量观》。周一投稿，周五这篇3000多字的文章就在《中国教育报》刊发了。

二是很好地改进了自己的工作。自2003年6月起，我就负责学校教科室的具体工作。从2005年8月起，我开始担任学校教科室副主任，进入学校中层管理岗位。此外，我还负责学校的宣传报道工作。最初几年，我吃着大学四年的教育理论的老本，各项工作做得还可以。但几年后，我明显有着老本吃光的本领恐慌感。但自从走上开放阅读之路后，我慢慢地感受到那种本领恐慌感离我而去。我写学校的宣传报道，总能写出一定的亮点和高度。我能及时提炼学校好的做法，在各类媒体刊发，提高了学校的影响力。我负责的教科研工作和师训工作，做起来也不觉得累。

　　三是自己也从受益者变成了鼓吹者。我形成开放阅读的习惯后，发现当时仁爱中学的很多教师还停留在学科阅读阶段。于是，我向大家大力推荐《教师博览》等综合教育类刊物，慢慢地，越来越多的教师形成了开放阅读的习惯。在这个过程中，我对学校如何订阅专业刊物还有了深刻的认识，并发表了好几篇相关的文章，比如应做到"统分结合"，把学校订阅和教师订阅有机地结合起来等。

　　在我的专业成长历程中，从学科阅读走向开放阅读是一个很重要的节点。在开放阅读中野蛮成长，真的是名副其实。

一本书帮我推开教育阅读的大门

我经常在各种场合讲述一本书带给我的影响,这本书就是闫学老师的《教育阅读的爱与怕》,或许这就是在合适的时间遇到合适的书吧。随着阅读量的增大,这本书在好书分母大量增大的情况下,对现在的我的触动或许不再那么大。但是,这本书帮助我推开教育阅读的大门,遇到这本书无疑是我的阅读史上的标志性事件。

虽然说走上工作岗位之后,我一直坚持阅读专业刊物,但是很少阅读各类专著。2006年,在我的建议下,仁爱中学开展了"读好书 促发展"活动,我作为具体的执行者来推动这项活动。不过遗憾的是,当时的我没有真正养成读书的习惯。在2008年,一切悄然发生了改变,这源于一次"美丽的邂逅"。

2008年4月,我在宁波的席殊书屋看到了闫学老师的《教育阅读的爱与怕》一书,抱着对"教育阅读"的探求,我把这本书买了下来。说实话,当初买下这本书的时候,根本不会想到这本书会对我起到如此大的作用。

闫学老师的《教育阅读的爱与怕》让我对教育阅读有了深度的思考。在书中,这位年轻的特级教师对读书有这样的理解:教师拥有的知识的宽度将最终决定他能达到的高度,一个真正优秀的教师,应该在"精深的专业知识""深厚的教育理论基础""开阔的人文视野"这三个板块来完善自己的知识结构。当然,这些都是通过读书来完善的。闫学老师的《教育阅读的爱与怕》属大夏书系,经过了解,大夏书系的很多书都是不错的。于是,"与大夏书系为友,过幸福教育人生"成为我的行动指南。2008年,大夏书系出版的各类教育书籍,基本上都被我收入囊中,如朱永新、陶继新等10位名家的教育讲演录,我全部买齐,《教师的20项修炼》《跟孔子学当老师》《大师的教书生活》等书基本上都是在第一时间买到。另外,我还买了很多大夏书系以前出版的书,如《守望教育》《我的教育苦旅》《不跪着教书》《坚守讲台》《教育碎思》等。从2008年4月到2009年2月,我已经购买了近80本大夏书系的书。到2020年,我拥有的大夏书系的书已经有300本左右了。除了大夏书系的书,我还买了很多其他的教育著作,如《过去的教师》《中国大教育家》《追寻近代教育大师》《过去的中学》等。此外,从2010年起,源创图书也成为我日常关注的教育图书品牌。

通过阅读这些书,我与朱永新、刘铁芳、刘良华、张文质、吴非、郑杰、高万祥等专家学者和优秀的一线教师有了"精神上的对话",也让自己有了一种"豁然开朗"的感觉。

在走上教育阅读之路的同时,我深深地喜欢上了《中国教育报·读书周刊》。最近有什么好书,老师们在读些什么书,这些信息都可以在《读书周刊》上找到。这样每星期四上午11点上网浏览《读书周刊》,第二天好好拜读,成为我的行走方式。《读书周刊》成了我找书的好朋友,凡是《读书周刊》推荐过的书,或刊登过相关书评的,我尽可能地去买到。看了《如果积极成为一种心态》一文,我买了孟万金教授的《积极心理健康教育》;看了《从控制生命走向激扬生命》,我买了郭思乐教授的《教育激扬生命》;看了《变偶像崇拜为青春动力》,我买了岳晓东博士的《我是你的粉丝》;看了《一边流浪,一边牵挂》,我买了郑杰校长的《边走边叹》;看了《把心灵频道调到最佳》,我买了《伯恩斯新情绪疗法》;看了《暗流汹涌:晚清民国的传统文化教育》,我买了周勇博士的《江南名校的中国文化教育》。现在的书有很多,但如何在第一时间与好书亲密接触,《读书周刊》就成了我最好的顾问。

直到现在,我都还一直密切关注着《中国教育报·读书周刊》,并在上面陆续发表了10多篇读书心得体会文章。

说来也巧,我是在闫学老师的《教育阅读的爱与怕》的引导下走上教育阅读之路的。2008年,我买的最后一本书是她的《跟苏霍姆林斯基学当老师》,再次感悟读书给闫学老师带来的"腾飞",也从她身上汲取前进的力量。

2008年,我走上了教育阅读之路。这条路,我一直走了下来。

2010年,《教师博览·文摘版》举行"对我影响最大的一本书"读书征文比赛。尽管当时我已经阅读了不少好书,不过,我觉得《教育阅读的爱与怕》在引领我走上教育阅读之路的"启蒙"意义很大。于是,我就结合这本书,撰写了《在"教育阅读"中完美"教育人生"》一文。幸运的是,这篇文章在《教师博览·文摘版》的征文比赛中获得第一名,并在《教师博览·文摘版》2010年第12期刊发。

2012年2月,我在宁波新华书店看到《教育阅读的爱与怕》的修订版，尽管内容和第一版变化不大，我还是买下来留作纪念，因为这本书引领我走上了教育阅读之路。

2016年，闫学老师的《给教师的阅读建议》出版，我也认真阅读了，并且写了篇读书心得在《中小学德育》上发表。

如果没有《教育阅读的爱与怕》这本书，我不会在教育阅读的道路上走得这么顺，走得这么快。但愿更多的教师同行能在合适的时间遇到合适的书，并在阅读的过程中遇到更好的自己。

在"疯狂补课"中不断进阶

2012年,杭州外国语学校给高一学生的寒假书单在网上公布后,引发了社会各界的热议。不少人认为这份书单要求太高,是一份"理想主义"的书单。《中国教育报·读书周刊》也进行了报道,并开展了讨论。当时,我也写了篇小小的反馈文章,在《中国教育报·读书周刊》发表,核心观点是"教师也该补课了"。事实上,很多教师在学生时代的阅读状况并不理想,如果走上工作岗位后还没有"补课"意识,真的不是件小事。

就我自身而言,在推开教育阅读的大门后便发现了自己阅读上的不足,有一段时间真的是"疯狂补课",补上阅读方面缺失的那一课。原先很少逛书店的我,居然成了宁波市新华书店的常客。2008年暑假,我去了7次宁波市新华书店,买了近百本书。

2013年,大夏书系举行十周年庆典的时候,推出了一套精装版的"大夏书系·十年经典"。我当时应邀参加了十周年庆典活动,第一时间得到了一套书。据介绍,"大夏书系·十年经典"入选的14本书,是结合主题、内容、市场占有率、读者美誉度和社会影响力等因素,从已经出版的421种图书中精选出来,重新进行修订和装帧,以套装的形式隆重出版的。可见，"十年经典"是大夏书系这一知名教育品牌图书的"镇宅之宝"。作为读者的我，"十年经典"中的14本书我都认真读过，可见，我的确是吸收了大夏书系的精华。

拥有大夏书系"十年经典"套书，是我牵手大夏书系的一个缩影。闫学的《教育阅读的爱与怕》点燃了我教育阅读的热情，也让我成为大夏书系的忠实追随者。当时的我，买了很多大夏书系的书，在疯狂的"恶补"中，的确有了很多的收获。

2008年，大夏书系推出了10本名家教育讲演录，我读了深受启发。这些书，让我真正感受到，读书是最便捷和最经济的拜师方式。因为很多名家，我们很难有机会聆听其现场讲演，但是通过阅读，就可以系统地了解他们的思想，汲取他们的智慧。在这套书中，陶继新的"为自己的文化储值"的观点、刘良华的"让自己的精神出差"的观点、陈玉琨的"改变一个教师就要改变他的工作期望"的观点、张文质的"努力做一个行动者"的观点等都给了我很多的启发。到目前为止，陶继新、刘良华、陈玉琨等名家的讲座我还没有机会现场听，但在阅读中我已经收获了不少。

2012年，全美优秀教师雷夫访华，在全国掀起了"雷夫热"。我以前也读过雷夫的《第56号教室的奇迹》，对雷夫的做法还是有一定的了解的。当然，对很多教师而言，并不一定有机会到现场去聆听雷夫的讲演，我也不例外。即便到现在，我也没有现场听过雷夫的讲演。但2012年源创推出的《第56号教室的故事——雷夫老师中国讲演录》让我对雷夫在中国的讲演的基本观点有了清楚的认识。这本书还收录了《人民教育》《中国教育报》《中国青年报》等主流媒体对雷夫的报道，为全方位解读雷夫的思想提供了一个很好的参照。这本书对于我发表《雷夫带给学校管理的启示》《"以德促学"其实是一种常识》《德育应以"学会考虑他人"为追求》等文章有很大的启发。

陈宇的《你能做最好的班主任》一书也给了我很多的启发。"做班主任工作、搞德育研究还是很有意义的。一是它比较大众化。教育人人都需要，也人人都听得懂。教育中的乐趣也很多，做起来不会枯燥。二是就目前教师发展的状况来说，大家都在挤学科教学这个独木桥，在千军万马中突围出来很难。而在学科教学上，名校学科名师就非常多，因为学生起点高、名气大、教学平台高，机会也就多。而德育不一样，无论什么样的学校都有丰富的德育资源，薄弱学校的德育资源更是得天独厚，这一块宝藏却很少有人去开发，甚为可惜。"陈宇老师这个独到的见解给我留下了深刻的印象，也让我对这个问题有了深入的思考。在现实中，乐意当好班主任的老师不多，真正喜欢在班主任工作上开展德育研究的老师也不多。2013年暑期，《中国教育报》也开展了"班主任工作成为鸡肋"的话题讨论。如果大家能从陈宇老师的观点中得到一点启发的话，或许会对班主任工作有新的认识。

冯卫东的《今天怎样做教科研：写给中小学教师》，以一个打通教育理论和教育实践的教育科研工作者的视角，对如何做好教育科研工作进行了深入浅出的阐述，通俗、生动、形象，让我对做好教育科研的普及工作有了更清楚的认识。

万玮的《用服务的态度做教师》，让我对如何做好教师有了更深刻的认识，也让我对教师如何强化服务意识、提高自身专业水平、更好地成为优质教育服务的提供者有了更深刻的理解。

杨斌选编的叶圣陶的《如果我当教师》，让我深刻地认识到，叶圣陶老先生几十年前写的文章，今天读来依然有一种振聋发聩的感觉。今天的教育工作者，应该好好学习近百年来教育大家的著作，从中汲取教育智慧。

当然，带给我很多启发的书还有不少，这里就不一一列举了。

对我来说，在教育阅读上的"疯狂恶补"是一个阶段性的过程，只是在教育阅读意识被唤醒后对原先缺失的一种补偿。到后来，在教育阅读上，我就习惯成自然了，牵手教育阅读，真正成了我的一种生活方式。

不过，现在回想起来，那段"疯狂恶补"的日子，的确算是我教育阅读历程中的一段"激情燃烧"的岁月吧。

工作十年，从读者到作者

2011年5月，在我从教十年之际，我出版了自己的第一本专著《从新手到研究型教师——我的专业成长手记》。这本书结合自己的成长经历，从"做草根研究的'践行者'""做教育科研的'领跑者'""做专业刊物的'博览者'""做专家学者的'追随者'""做教育热点的'关注者'""做网络时代的'弄潮儿'""做心怀感恩的'有心人'"这七个方面，用叙事的方式，讲述了自己如何从"新兵蛋子"成长为具有一定影响力的研究型教师的心路历程。

这本书是速成的，从有出版此书的想法到拿到书，仅用了不到120天的时间。但是，这本书是自己在十年的实践中"做"出来的，只是在集中的一段时间内把它表述出来而已。不过，这本书在出版的时候也是走了捷径的。宁波出版社的编辑陈静是我大学同学，我和她交流了初步的想法后，得到了她的大力支持。她给我提了很多建设性的建议。这样，这本书在她向出版社报选题的时候，书稿还在"丈母娘的肚子里"，只是凭着一份目录进行的。在出版社各项流程进行的时候，我也正在努力撰写书稿。从有出版意向，到我向出版社提交书稿的定稿，仅花了40天的时间。

这本书是我从读者到作者的真实写照。在这本书中,"做专业刊物的'博览者'"和"做专家学者的'追随者'"两个部分介绍了自己阅读教育专业刊物和阅读教育著作的心得体会。书出版后,不少读者反馈,他们后来也订阅了不少我在书中介绍的教育刊物,购买了我书中提到的一些书。

原任宁波市中小学德育研究会会长、宁波市教育心理研究分会会长张骏乐读了此书后,觉得对中小学教师如何做研究很有启发,很值得教师们阅读。自己的著作能得到资深教科专家的肯定,我心中的一块石头自然是落地了。

《教育信息报·教师周刊》主编吴志翔为本书写了《草根研究亦精彩》的序言,并在《教育时报·课改导刊》刊发。《中国教师报》《中国教育报》《现代教育报》《教育时报》先后刊发了本书的书讯。《教育时报》《浙江教育报》《中国教师报》《教育导报》《教师博览》《师道》《中小学德育》等报刊先后刊发书评 15 篇。坦率地说,一位一线教师第一次出书,能得到这样的关注,真的是不错了。

这本书在首印后,宁波出版社又加印两次,全部进入市场销售。

2013 年 1 月,我和上虞春晖中学王国芳老师(现为浙江省教研室中学政治教研员)在网上结识,我们互赠了各自的著作。后来,王国芳老师跟我联系,说这本书对他有较大的启发。在他的建议下,春晖中学成立的白马湖教师读书小组,把我的这本书作为首本共读的书。2013 年 5 月 22 日晚,白马湖教师读书小组还专门就这本书进行了读书交流活动,大家结合自己的教学、教育和个人专业成长经历,谈了各自的感想与心得。大家觉得要努力实现读者、作者和阅读推广者的"三位一体",不仅要做一位好的读者,还要努力做一位自觉的作者,更要成为一位教师和学生阅读的推广者。春晖中学是一所历史悠久的名校,曾有"北南开,南春晖"的美誉,我也多次阅读过有关春晖中学的文字。所以,自己的书能被春晖中学的教师读书小组作为首本共读的书,并且得到他们的好评,这给了我很大的精神动力。因为有了这样的缘分,后来我也有幸被邀请到春晖中学和该校的教师交流阅读方面的话题。

2013年10月,我在《教师博览·原创版》上读到朱郑汇老师写的《阅读,让我成长路上不再孤独》一文。朱郑汇是宁波市鄞州区一所完小的老师,他是读了我的这本书后在博客上跟我联系,后来又与我成为QQ好友的。在他写的这篇文章中,专门提到阅读我的这本书带给他的启发:"在读到刘波老师所著之书《从新手到研究型教师》之后,才得知可阅读的刊物是如此之多,接着又订阅了《教师博览》《教师月刊》《师道》等刊物10余种,我也成了刘波博客的常客,他只要一有新书推荐,我就第一时间收入囊中,让它成为自己成长的精神食粮。"可见,我的这本书对他起到了延伸阅读的作用。现在,他所在的学校正大力开展读书活动,学校也为教师们订阅了大量的教育刊物。从这个意义上来说,读写结合是推动教师阅读的有效路径。

也有一些教师在网上购书后,留下了好评。

"如果你刚刚开始研究,可以看一下这本书,也许会带来些研究方法或思路;如果你工作多年,但是一直苦于不知如何研究,写不出文章,也可以看一下这本书。"

"拿到这本书,我迫不及待地读了起来,计划两周读完,没想到一周都不到就看完了。作者语言朴实,一步一步给我们讲述了他自己是如何学习成长起来的,从读专业教学杂志到阅读综合教育类杂志再到阅读教育著作,并结合自己教学,从读者到作者,发表了许多文章,从中享受到教师阅读的快乐和幸福。读这本书,真有一种相见恨晚的感觉。"

　　自己的书能得到读者的认同,我感到非常欣慰。我自己阅读了很多好书,从中汲取了成长的力量。我希望自己的书也能给读者一定的启发,让他们有一定的收获,也能感受到阅读的美好。

就这样成为教师德育专业化的拥趸

2013年2月,我在大夏书系的官方博客看到新书《走向德育专业化——学校德育100问》的介绍时,真的有眼前一亮的感觉。现在国家正在大力提倡教师专业发展,但在现实中教师专业发展往往被窄化为教师的学科专业发展了,在各类培训中鲜有德育方面的培训。当拿到这本书后,我就迫不及待地想从中寻找化解自己困惑的一些良方。

当读完这本书后,我真的有一种豁然开朗的感觉。在这本书中,檀传宝教授开宗明义地指出,教师的德育专业化不仅仅是德育教师、班主任的德育专业化,更是指学校全体教育工作者都应该掌握现代德育的规律、知识、技能,实现其德育素养的专业化发展。这本书共分"理论篇""流派篇""热点篇""实务篇"四个部分,是一本深入浅出的教师德育专业化读本,颇有教师德育专业化方面的《十万个为什么》的感觉。而且,这本书还对德育的热点和难点问题进行了分析,有助于教师更好地跟上德育形势发展的"节拍"。比如教师如何引领学生看待唐骏学历造假的问题,教师如何发挥好《三字经》和《弟子规》等传统教育读物的德育价值作用等,这本书均给予了指导性的意见。

　　读完这本书后，我还特意到期刊网上去查阅了有关教师德育专业化的研究成果，查到的资料屈指可数。其中一组文章是《教育研究》上关于德育专业化的一个笔谈，另一篇是《天津教育》上发的一篇文章。其中，《教育研究》上跟教师德育专业化关系最密切的那篇文章就是檀传宝教授写的。可见，当时，无论在德育理论上还是德育实践方面，教师的德育专业化还没有引起应有的重视。其实，教育部出台的中、小、幼《教师专业标准（试行）》是任何学科、任何学段的教师都应达到的标准，在育人方面对教师提出了很多的要求。从某种意义来说，德育能力成了教师必备的能力，德育专业化成了教师专业化的应有之义。

　　"育人为本，德育为先""全员育人，人人都是德育工作者"，这样的口号是耳熟能详的，但是不是人人都有育人的能力呢？以新教师为例，他们刚刚从"被德育"中走出来，难道一下子就具备德育能力了？而且，年龄大的教师跟现在的学生的"文化代沟"很大，教师的观点并不一定能让学生从内心信服，很多教师一说话，就让自己站在学生的对立面了。

　　当时，我在某德育网站的图片新闻里看到，一所幼儿园给小朋友布置了为父母洗脚的感恩作业。说实话，"洗脚式"感恩的相关报道是经常见诸报端的，以前不是还有学校在操场举行千人洗脚感恩仪式吗？其实，感恩教育的途径和方式可以有很多，但是"洗脚式"感恩是否从一个侧面说明了我们当前德育工作中的随意化、盲从化？"洗脚式"感恩只是中央电视台的一个公益广告，却被学校德育演绎得如此"完美",这是非常值得我们反思的。

另外,我还在某教育论坛上看到了一位老师发的一个题为《德育,一个沉重的话题》的帖子。在这个帖子中,这位老师描述了当前学校德育中司空见惯的现象:"喜迎三八节,听着学校升旗仪式上孩子经年不变的陈词老调:三八节是母亲的节日,让我们给母亲洗洗脚,我们要感恩母亲,感恩老师。"当然,这位老师还举了不少其他的例子,最后发出这样的追问:"像这样的德育,我们几乎每天每周每月每年都在被迫进行着,可是孩子的行为却是眼看着一天比一天让我们不可思议。我们不禁要问,德育是专门这样说教就有效吗?"可见,一线教师也对当前德育无效的现状感到非常不满。

于是,我跟《教育时报·课改导刊》"创见版"的李编辑聊起了此事,并说想写一篇《从"感恩式"洗脚话教师德育专业化》的文章投稿。李编辑对这个话题非常感兴趣,他也觉得现在大家并没有把教师的德育专业化纳入教师专业化的范畴。他建议,要做这个话题就做一个系列话题,每周发1篇,连发6期,他把这件事跟相关领导交流后就给我回复。其实,这些年来,我一直关注着德育热点,在宁波市的六届中小学"德育热点话题大家谈"征文比赛中,我获得过四次一等奖。所以,我结合自己对这个问题的理解,理出了6个主题,跟李编辑商量了一下,并在他的建议下,修改了部分标题的表述方式。没过几天,李编辑就给我答复了,叫我马上先把第一篇文章写好,并约定了以后交稿的时间。

这次写专栏文章,对我来说也是一个很大的挑战,我从来没有过这样的经历。而且,《教育时报·课改导刊》在全国还是很有影响力的，那么自己写出来的文章能不能符合他们的要求，当初我自己的心里还真的是没底。在写这一系列文章时，我结合自己多年来对这些问题的思考，并恰到好处地引用了一些檀传宝教授在《走向德育专业化——学校德育 100 问》一书的观点作为自己论点的佐证。这些稿子形成初稿以后，我反复地改了好几次。我与李编辑并不熟悉，他把这么重的担子放心地交给我，我也得对得起人家的重托。从 3 月 14 日起，《教育时报·课改导刊》陆续刊登了《教师为什么要德育专业化》《德育和教学不是两张皮》《通过阅读提升自己的德育能力》《德育专业化需要教师关注教育热点》《教师德育专业化需要有德育常规意识》《通过德育专业化提升职业幸福》这 6 篇文章。这 6 篇文章的文字加起来超过万字，这样，通过读《走向德育专业化——学校德育 100 问》一书，我也在公开刊物上发表了"万言书"。一本书形成"万言书"，真的是别有一番滋味呀。

　　正是檀传宝教授的《走向德育专业化——学校德育 100 问》这本书，让我对教师的德育专业化有了更加系统和深刻的认识。此后，我还阅读了《浪漫：自由与责任——檀传宝德育十讲》和《魅力德育》等有关德育的书，对教师的德育专业化有了更深刻的理解。后来，我在《人民教育》2012 年第 18 期上读到檀传宝教授的《主动回应时代的呼唤：努力推进"教师德育专业化"》一文，在《教育研究》2012 年第 10 期上读到檀传宝教授的《再论"教师德育专业化"》一文。另外，中国教育学会中小学德育研究分会会刊《中小学德育》杂志 2013 年开设《走向"教师德育专业化"》专栏，每期刊登一篇相关文章。可见，教师德育专业化得到了更多的关注。感谢檀传宝教授的《走向德育专业化——学校德育100问》一书，让我在这方面先行了一步。

正是因为自己对德育研究的关注并取得了一些成果，我还成为宁波市中小学德育研究会副秘书长和浙江省教育学会德育分会理事，这样，自己在德育研究方面有了更多的资源和信息。我会继续关注教师德育专业化的理论研究和实践进展。

不知不觉成为写作多面手

现在的我,在各类教育报刊发表文章像是"家常便饭",而在 2006 年以前,我几乎没有在省级以上的公开刊物发表过文章。2010 年以后,我在各类公开刊物上发表的文章就犹如芝麻开花节节高了。2019 年,我在《中国教育报》上就发表了 5 篇读书心得体会,这在以前,是想都不敢想的。

虽然我一直把写作作为自己的生活方式,但以前写的大多是所谓论文。用现在的眼光来看,这些文章的层次都不是太高。另外,从 2003 年开始,我一直负责学校的宣传报道工作。在现在这样一个网络社会,酒香也得勤吆喝,宣传报道工作越来越重要。头几年,凭着自己教育管理科班出身的功底,在写信息报道上能找到比较好的视角。不过,这种吃老本的行为是不可持续的。慢慢地,我就感觉到老本逐渐吃光了,要写出有新意的信息报道也是一件很折磨人的事。或许,我也是遭遇现实版的"本领恐慌"了。不过,自从自己走上开放阅读之路,与《教师博览》《人民教育》《中国教育报》等教育报刊和各类教育著作同行之后,我在撰写信息报道和提炼学校办学经验方面,就如有了神来之笔,不再那么困难重重。

在仁爱中学工作期间，我提炼了学校的很多经验，在《中国教育报》《中国教师报》《浙江教育报》《教育时报》等主流教育媒体刊发，进一步扩大了学校的影响力。

山东教育社原总编辑陶继新在《做一个幸福的教师》一书中讲了这样的例子。陶继新老师在为记者和通讯员培训的时候，经常有人问他这样的问题："为什么参加了很多新闻写作培训班，练了很多新闻采写的方法，可到现在还是写不出文采飞扬的文章呢？怎么样能够在写文章的时候下笔成文、文采斐然呢？能不能告诉我们一种写作的方法，通过这种方法就能得心应手？"

对于提问者的困惑，陶继新老师是这样说的，他认为在很多培训中所学的方法、技巧都是器的层面，没有进道。而道的真谛在于经典文化的阅读和内化。他还举了这样的例子，有些人读了《莎士比亚全集》，自己的语言就不知不觉地变好了很多。

对于陶继新老师的说法，我深以为然。不过，我觉得对教师而言，高质量的阅读不仅可以提高文字表达水平，更重要的是可以开阔自己的视野，让自己更好地用教育眼光来看问题。

现在，很多教师抱怨说自己真的不会写文章，写文章对他们来说真的是一种很大的折磨。我觉得，用文字把意思表达出来，其实也是一种器，更重要的是对相关问题有独到的认识和见解。一个人的语言表达能力固然很重要，但即便是文字功底很好的语文教师，他们写出来的散文很不错，也未必能写出高水准的语文教科研文章。其实，这背后缺乏的就是大量的阅读。我接触过很多班主任，他们在班级管理上很有一套，但是在总结经验的时候，无法找到很好的结合点，这样就无法形成用文字表述的经验。这固然跟他们缺乏一定的文字表达能力有关,但是跟缺乏相应的阅读也是有很大关系的。尤其是多阅读教育专业方面的书籍和文章后,对一些行话和专业用语,在写作的时候就能用得更加精准。缺乏专业阅读的输入,想有高质量的专业写作输出,自然是很有难度的。

说实话,我最初只会写论文和信息,但是自己的阅读视野开阔后,我的写作视角也不断延伸,新闻、评论、研究文章等,都拿得出手,而且往往都能达到公开发表的水准。《浙江教育报》池沙洲编辑在镇海区的一次讲座中提到,在他编辑的版面中,属于言论的《炉边闲话》和《冰室絮语》,这两个栏目的上稿要求是比较高的。而我自 2010 年以来,先后在这两个栏目中发表了近 50 篇文章,基本上没有被"毙"掉的稿子。这也充分说明了,在教育问题上,我的眼光还是比较准的。

从 2017 年 10 月起,我还以"教育之江"评论员的身份,在浙江教育报刊总社主办的评论微信公众号"求智巷"上发表了 100 多篇评论文章。除了"求智巷"公众号因假期等因素停更,我基本上做到每周一篇的输出。如果没有阅读的输入,这样的输出是做不到的。

我经常阅读《人民日报》《光明日报》《新华每日电讯》等权威媒体的电子报,及时关注这些媒体刊发的一些教育热点问题,因此,我常有感而发,写了不少文章发表。比如,媒体上多次聚集"医学论文买卖"的问题,我觉得在这方面,医生和教师的工作性质有点类似,于是就撰写了《让教书育人和论文写作"比翼双飞"》在《中国教育报》刊发。又比如,结合《中国教育报》开展的"班主任工作成软肋"

的讨论，我写了《"有滋味"就是班主任的自觉追求》在《浙江教育报》刊发。

对现在的我来说，撰写这些发表的文章，也没花多少时间，一点也不辛苦。或许正是长期的阅读让自己的眼光很敏锐、思路很敏捷吧。

2016年8月，我的工作岗位变动之后，写作的范围和内容也有了一定的变化。但是因为有相应阅读的输入，我在新岗位的写作依然不落伍。以推动教师阅读为例，原先我在一个学校的做法上提炼了不少经验。这几年，结合推动区域教师阅读的实践，我提炼了相关经验的文章在《中国教育报》《浙江教育报》《德育报》等刊物发表。

我不知不觉成为写作多面手，这背后是阅读在助力。

"以读会友"是人生美事

现在,我有这样一种感觉,多读书是不会成为"书呆子"的。如果一个人真的因为读书越来越"不智慧",这也怨不得书,是读书的人自身的问题。近几年,通过阅读,我除了变得更"聪慧",更有见解,还拓宽了交际、广交了朋友。这些因阅读而结识的朋友,有的已经见过多次,有的虽然素未谋面,但在网上也非常熟悉。我愈发感觉到,"以读会友"真的是人生一大美事。

源创教育研究院院长、源创一品文化传播有限公司总经理吴法源,是我国著名的教育图书策划人,在业内享有盛誉,并有"金点子大王"的美称。如果我不读书,根本不可能结识这一教育出版界的大腕。2008年的时候,我因经常购买大夏书系的书,在网上结识了吴法源。当时,他还是华东师范大学出版社副社长兼北京分社社长,是大夏书系的负责人。他曾送我周国平先生亲笔签名的《周国平论教育》和钱理群教授亲笔签名的《做教师真难,真好》。后来,他辞职创业,创立了源创图书,我也因此喜欢上了源创图书。因参加《教师博览》组织的活动等,我也见过吴法源好几次,在和他的交流中受益匪浅。我对教育出版的一些认识,就来源于他。我的《从新手到研究型教师——我的专业成长手记》一书出版时,他还专门给我写了封底推荐语,并把我的书转送给朱永新教授。当时,朱永新教授还在自己的微博上推荐了我的这本书。现在,我和吴法源也一直保持着联系,他有什么新的消息,也会及时告知我。2014年1月,我还有幸参与了源创图书的内部年会,对教育出版有了更深刻的了解。

因为阅读,我也认识了现在的大夏书系负责人、华东师范大学出版社北京分社社长李永梅。通过李永梅社长牵线,华东师范大学的博士生导师钟启泉教授还曾应宁波市教育局的邀请来到宁波讲座。当时,钟启泉教授的讲座地点就在仁爱中学。

因为读书,我结识了不少作者。《中国教育报》编辑张贵勇是我在读书群里认识的。后来,我读了他的《读书成就名师》《阅读的旅程》《真正的陪伴》等书。他也给我的《教师阅读力》一书写了书评,在《教师教育论坛》刊发。后来,我们也见过几次面,经常就一些教育问题展开交流。经我推荐,宁波市教育局也曾邀请他过来讲座。

李斌是《中国青年报》评论部原副主任,是一位资深教育记者。2013年7月,李斌出版了《把学校交出来——一个青年记者笔下的中国教育》一书,我也在第一时间拿到了。我对记者眼中的教育是很感兴趣的。我一直觉得,真正的教育记者,应该是非常懂教育的,这样写教育新闻的时候才能真正写到点子上,对读者有很大的启发。李希贵校长在写这本书的序言时,就给予了李斌这样的评价。所以,这本书我很认真地阅读了,并从中得到很大的启发。后来,我刚好在一个群里看到李斌,就跟他聊了起来,因为"以书为媒",就有了对话的基础,他对我的观点也很认同。后来,我了解到,他大学本科跟我是同一年毕业的，我们是同龄人，是在同一个大的背景下来看待教育的，也经历了很多同样的教育事件，不知不觉中，我们就熟悉起来了。后来他辞职创业，我从他的微信朋友圈中能看到很多有价值的文章。

刘铁芳、汤勇、郑英等专家学者和优秀同行，我都是通过这种方式认识的。

《中国教育报》"2012年度推动读书十大人物"，上海市教育考试院副院长、特级教师常生龙也是我通过阅读认识的。最初，我经常在《中国教育报·教师书房》上读到他写的读书心得体会文章。按图索骥，我找到了他的博客，并偶有互动，逐渐成了网友。后来，他还给我的《从新手到研究型教师——我的专业成长手记》写了篇书评，发表在《中小学德育》2013年第1期上。如果不是阅读，我也不可能认识常生龙先生。2013年8月，我在上海书展的现场碰到了常生龙先生。后来，我曾读过他的好几本书，也推荐给同行一起阅读。我也为常生龙先生的书写过书评，在《上海教育》刊发。

因为阅读教育刊物，我也结识了很多的编辑。对我来说，最为熟悉的就是《教师博览》的编辑团队了。我先后参加了四次《教师博览》组织的重点作者会，也多次参加他们组织的读书论坛。

此外，《教师月刊》主编林茶居、编辑程晓月，《教书育人·校长参考》编辑部主任朱福昌，《中小学德育》责任编辑余志权，《师道》编辑部主任李淳，《教育时报》代修鹏、吴松超等编辑，我也都有联系。

通过结识这些编辑，我对这些刊物的用稿风格有了更清楚的认识，有时也接受一些约稿任务。比如，《中小学德育》责任编辑余志权约我写了《在阅读中倾听生命拔节的声音》《推动教师阅读的行动研究》并刊发。另外,这也为我推荐相关教师发表文章提供了便利。

因为共同爱阅读而结识也是一种"以读会友"。天津中学的吴奇老师就是我在读书群里认识的。因为大家有共同的爱好,也经常交流。他的书评集《阅读照亮教育人生》出版后,我也组织部分"研之乐"读书会的会员共读,并举行了读书分享会。我写的这本书的读书心得在《中国教育报》发表。

《从新手到研究型教师——我的专业成长手记》一书出版后,我赠送给不少人。中国教科院姜朝晖博士写的《试析教师专业化发展的必要性和可行性》评论文章在《浙江教育报》刊发。

有些学校的老师因为读了我的书,邀请我进行面对面交流,如果我有时间,自然也很乐意。这对我和他们而言,都是一种"以读会友"。2020年1月,我就曾应宁波市实验学校的邀请,和该校"思享家"读书会分享阅读感悟。

"以读会友"拓宽了人际交往的圈子,提升了自己的生活品质。通过交流,看问题就多了一个视角,这对自己的成长大有裨益。

在阅读中练就讲座功夫

做讲座并不是一件很轻松的事。我觉得用"台上一分钟,台下十年功"来形容是恰如其分的。因为台下的受众是不同层面的,他们有不同的需求,要想吸引全体听众的注意,真的很不容易。

客观地说,现在教师外出培训的机会比较多,校长就更不用说了。对校长而言,他们听过很多高水平的讲座,要满足他们的期待,必须要有真水平。如果你在台上讲,下面没人听你,聚精会神地用手机或"开小会"来应付,做讲座的人其实是很尴尬,而且很悲哀的。

近年来,我也偶有机会外出讲座。王阳明先生的一句话给了我很大的启发,他认为讲学最能锻炼人。因为要讲清楚,并且讲得有滋味,自己首先得把要讲的内容搞明白,这是有很大的挑战性的,所以,我非常用心地对待每一次讲座,将其视为自我提升的机会。

2019年4月下旬,我就经历了一次很大的考验。应北京行知兰台公司的邀请,我在重庆举办的全国书香文化建设研讨会上做了一次阅读文化方面的讲座。面对来自全国各地的300多位教育局领导、校长和教师,我结合自己十多年来对教师阅读的研究和推动教师阅读的实践,阐述了自己对校园阅读文化构建的理解。值得一提的是,我非常尊重的闫学老师也在本次研讨会上做专题讲座。我在教师阅读推广上努力十多年后，终于和在这方面对我有领进门意义的闫学老师同台讲座了。

应该说，那次讲座还是成功的，也颇受好评，否则就不会有"连续剧"了。2019年暑假，行知兰台公司在宁波和威海举办了两次同主题的研讨会，均邀请我做讲座。在宁波的研讨会上，我还有幸与中国阅读学研究会前会长徐雁教授同台讲座。徐雁教授是我国阅读推广界的知名学者，他的很多著作和文章，我都阅读过。比如，读了他的《阅读的人文与人文的阅读》一书后，我还专门到期刊网上去下载他写的有关阅读推广的文章。能和他同台讲座，真的是很难得。

2019年8月，我应湖南省醴陵市教育局的邀请，给该市的100多位校长做了推广教师阅读方面的讲座。那次讲座，从某种程度来说也是"连续剧"。该市教研室的领导和部分校长曾在重庆听过我的讲座，觉得我讲得很接地气，所以请我给该市的校长们讲一讲。讲座结束后，有几位校长跟我打招呼，说曾在重庆听过我的讲座，这次听了还是有收获。因为那次的对象是校长，我特意重新调整内容，跟重庆讲的内容和方式是有很大的不同的。

我是从2011年开始到区外给教师做讲座的，讲座的主题基本上关于教师阅读和写作。在阅读上，每位教育人都是阅读者，对阅读也有着自己的理解。正像人人都可以对教育"指点江山"一样，每位教育人都可以对阅读品评一番。而教师阅读方面的讲座，很多高校学者也都在讲。因此，在教师阅读方面要讲得有特色、有亮点，要让人有所启发，也是颇有挑战性的。这些年，我阅读了很多阅读学方面的著作，并把这方面的内容作为自己的一个主题阅读，不断地给自己充电。我在网上看到跟阅读学相关的著作，基本上都会第一时间下手。

这几年，我先后阅读了《我的阅读观》《读书之道》《论经典》《读书的方法与艺术》《读书是件好玩的事》《朗读手册》《如何阅读一本书》《为什么读经典》《阅读整理学》《阅读的力量》《阅读史》《一生的读书计划》等国内外阅读学方面的著作，对阅读有了更深刻的理解。

此外，我也经常关注媒体上关于阅读的最新报道。《中国新闻出版广电报》因为有很多关于阅读和出版的内容，也成了我关注的电子报。

通过向阅读学方面的著作借力，我在讲座上也更有底气。比如我一直强调教师要注重专业阅读，我在实践中是这么做的，在讲座中也刻意强调。起初这只是我自己的观点，后来，我从国家图书馆前馆长詹福瑞的《读书之道》中读到，青壮年的阅读就是以职业性阅读为主的。那么，教师的阅读也就应该以职业性阅读为主。于是，我觉得自己的主张有了理论的依据，讲起来自然就更有底气了。另外，朱永新教授也多次发文强调要重视教师的专业阅读。这样，我用"六经注我"的方式，用一些知名人士的观点来为我的主张代言。

也正是因为在相关理论的指导下，我在推动学校和区域教师阅读上做出了一定的成绩，并结合理论和实践发表了一些文章，这也给我的讲座提供了基础。

2019年5月，我在上海市复兴高级中学做了一次关于阅读和写作的讲座。校长陈永平是我的高中老师，目前是沪上教育名流。讲座前，他提醒过我，因为经常有高水平的专家在复兴高中做讲座，所以教师在讲座方面是很挑剔的。讲座结束后,他跟我反馈,说不少教师的评价非常高,他本人的评价也不错。后来,该校的微信公众号和学校网站以《加强阅读写作,促进终身发展 —— 浙江省名师刘波为我校教师讲如何在阅读与写作中实现"自我增值"》一文进行了报道。报道中提到:"整场报告观点鲜明、有理有据、内容充实,紧扣当前的真实现状,又对教师群体充满了精神激励并提供了切实可行的路径。在座教师深感认同并受到鼓舞,反响极佳。"我没有教育行政部门受予的官方名师头衔,从来不敢称自己是名师,这次倒是被上海的名校称了一回"名师"。

现在,不管多大场合的讲座,我心里都不会犯怵。因为,我已经在阅读中练就了讲座底气,并在实战中得到了有效操练。

把读到的门道变成"微成果"

2020年1月17日,我在《浙江教育报》上发表了《学校教科室主任要扮演好四种角色》一文。这篇文章,我是看了《今日教育》2019年第4期上的《基层学校科研室老师的角色定位》一文有感而发的。那篇文章的作者是上海市某区的教科研工作管理者,他提到学校科研室的老师面临着非常尴尬的处境和地位,比如被一线教师瞧不起,穷于应付各种材料、自身研究能力不强等。于是,结合这篇文章的阅读和自己日常实践与思考,我从"做好常规工作,扮演好管理者""促进教师成长,扮演好指导者""助力校长办学,扮演好参谋者""坚持自身研究,扮演好示范者"四个角度进行了阐述,形成了一篇有助于教科室主任走好成长之路的文章。

事实上,要当好学校的教科室主任并不容易,因为教科室主任作为管理者,扮演着和学校其他中层类似的角色。现实中,有些教科室主任连最基本的管理者的角色都没有做好。努力做"四者兼修型"教科室主任,对教科室主任而言是一个很好的自我修炼的途径。

在阅读的过程中引发思考,并把思考诉诸笔端,固化成各类"微成果"。对我而言,"微成果"就是在不间断的阅读过程中形成的"副产品"。这样的"副产品"可以是读书心得体会、教育随笔、教育评论等。这样的读写结合，可以让自己的思维处于活跃状态，也可以让自己的阅读有更多可视化的固化成果，还可以引领更多的教师参与阅读，在读写结合中加快自己的成长步伐。

2020年1月3日，我在刚刚转型为宁波市教育专业报的《现代金报》上看到一篇题为《家长观念摆正了，学生负担才能降：北仑家长成长学院成浙江减负榜样》的报道，这随即引发了我的思考。现在，以教育行政部门为主导的政府部门大力推进减轻中小学生课业负担过重的工作，但家长依然我行我素，出现了"学校减负，家长加负"的不协调现象。作为减负终端的中小学生，并没有享受到减负带来的获得感，甚至承受了更重的负担，这从当下各类课外培训机构的疯狂可以窥见一斑。因此，家长也被很多媒体认为是包括减负在内的很多教育改革的绊脚石。而北仑区通过区域层面的家长成长学院，引导家长科学育人，更好地遵循教育规律，让家长科学理解减负。北仑区的相关做法被浙江省教育厅作为典范。可以说，这样的做法引导家长成为减负的同盟军。于是，我就写下了《与其抱怨家长"拖后腿"，不如拉他们"并肩跑"》，在一周后的《现代金报》刊发。

在《教师博览·文摘版》2019年第6期，我读到《你究竟读过多少假文章》一文。这篇文章提到，现在自媒体上推送的很多鸡汤文，其实就是假借名人之名的伪文，发布此类文章的平台多半是美容、房地产之类的营销号。在读这篇文章的时候，我就联想到，自媒体流量至上，流量背后其实就是经济利益。比如不少培训机构的营销号炮制的软文，先加剧家长和学生对教育的焦虑，接着就是推销产品。我还想到现在不少教师也开通了微信公众号,但教师开通微信公众号的意义和价值何在?于是,我就写了篇《教师微信公众号不能沦为"教育营销号"》,在2019年6月21日的《浙江教育报》刊发。

读报纸和刊物的时候,能引发自己思考,形成教育写作方面的"微成果"。读书同样也可以。

2018年4月,宁波市教育系统读书节把叶圣陶先生的《如果我当教师》作为全市教师的共读书。这本书刚出版的时候我曾经读过,借这次机会我又开始重读。在读这本书的过程中,我留意到一个细节,叶圣陶先生在19世纪20年代大力倡导师范生要去当小学教师。试想,如果小学教师待遇真的好,肯定不需要大力倡导,而是需要竞争上岗了。这跟网上流传的"县长月收入20元,国小教师的月收入是县长的2倍"形成鲜明的对比。那么,民国时期的小学教师的待遇到底如何呢?结合这本书的阅读,我又查找了很多的资料,得出民国时期小学教师的待遇并不像网上流传的那么好的结论。叶圣陶先生1912年当小学教师时月收入是20大洋,而同年,鲁迅先生进入教育部,月收入超过200大洋。后来,叶圣陶先生到上海当编辑的时候,除去稿费,月收入也有200大洋。可见,当时小学教师的收入并不高。即便是小学教师的收入跟其他行业比起来不算低,也只是因为当时知识分子值钱。那时候高中文化程度的人,算是很稀缺了,因为那时候绝大多数人是文盲,小学教师真的算是高级知识分子了。于是,我就写了《民国时期小学教师真的很有声望吗?》在《浙江教育报》发表。

当然,在阅读中形成"微成果",有的是有意识的,有的则是动态生成的。比如,有时候读一本书,我会明确地想写一篇读书心得。2019年上半年,我读了王立华的《会做研究,班主任就赢了!》和郑英的《教育,向美而生》,就觉得对于这两本书,都得好好写一篇读书心得,后来这两篇读书心得均在《中国教育报》发表。

有些灵感是稍纵即逝的,因此,有了想法及时记录下来,并不一定要形成长篇大论。有时,写着写着,就会"脑洞大开",把原先的几个想法梳理成一篇文章了。当然,如果文章能发表或获奖,就说明自己的想法和观点得到认可了,这也是自己读有所得的一种标志和体现。

有意识地多思考一点,动笔勤一点,把日常阅读中读到的所思所想,变成"微成果",日积月累,必会有大收获。

用阅读克服"本领恐慌"

几年前,在某医院中医门诊看到的一幕,引发了我的思考。该医院的中医门诊是并排在一起的,共有4个诊室。其中3个诊室没什么病人,1个诊室的医生忙得不亦乐乎。那3个没有病人的医生就很无聊地坐着,看看手机,看看杂志。医生是挂牌坐诊,病人自主选医生。病人找医生,自然找医术高明的医生,而医生的口碑是靠自己的实力赢得的,来不得半点虚假。从这个意义上看,医生的职业危机感还是比较强的。假如教师挂牌上课,学生选教师的话,自然也会出现有些教师的课爆满,有些教师的课无人问津的局面吧。

看到这一幕,我就想到以前在《中国青年报》读到过的《今天的教师拿什么面对"本领恐慌"》一文。这篇文章给我留下了深刻的印象,也让我记住了"本领恐慌"这个词。这篇文章中说:"知识恐慌、本领恐慌、职业生存方式恐慌、角色恐慌在为数不少老师中弥漫开来。"

因为这篇文章,我专门阅读了青年学者王小平的《本领恐慌》一书,对"本领恐慌"有了更深刻的理解,也时刻提醒自己要不断成长,用实际行动去克服"本领恐慌"。

"本领恐慌"的提法是1939年毛泽东主席在延安开展学习运动

的时候提出来的。习近平总书记在2013年3月的中央党校建校80周年庆祝大会上，再次提出了"本领恐慌"的问题，这个词也一度成了热词。《经济日报》2019年11月12日还刊登过《善于学习是克服"本领恐慌"的关键》一文。

在今天，每个人都存在着"本领恐慌"，也都应该有本领恐慌感。在现实中，虽然有些教师感觉到"本领恐慌"，但一些教师还缺乏危机意识，在不知不觉中被边缘化。其实，一个人被边缘化，是很不好受的，那就是差不多"可有可无"了。对教师而言，不必人人成为名优教师，但是要赢得应有的尊重，尽可能让自己成为学校不可或缺的一员，拒绝边缘化。

其实，"本领恐慌"并不可怕，关键是教师如何去应对。学习是克服"本领恐慌"的最好方式。现在一些教师的主动学习精神还比较欠缺。以阅读为例，按理说，教师理所当然应该成为读书人，但在现实中，教师的阅读现状却不容乐观，阅读动力并不足。

在当前这样一个信息时代，学生获取知识的渠道和途径更为广泛，教师的知识权威已不复存在，要想赢得学生内心真正的尊重变得越来越难。教育部中学校长培训中心前主任陈玉琨教授在《一流学校的建设》一书中提到，"燃烧了自己，照亮了别人"是对教师的一种普遍描述，但是，如果教师仅仅燃烧了自己，没有新能量的持续注入，必然会导致自身的"本领恐慌"。理想中的教师，应该是"照亮了别人，丰富了自己"，这样，教师的职业生命才会更加灿烂。

在现实中，专业成长比较快的教师，往往有着很好的学习习惯，比如每年都自费订阅一定数量的专业报刊，这是教师有主动学习心向的表现。我在仁爱中学工作期间也曾有意识地留意过全校教师每年订阅专业刊物的情况。如果一个教师从来不订阅专业刊物，拒绝学习，逐渐走向边缘化也是必然的。

近几年来，学区房热逐渐取代了原先的择校热，这就导致了学区房的价格居高不下。家长购买高价学区房其实就是一种择校的方式。事实上，很多家长不仅想择校，而且要择师，有些家长甚至指名道姓地要把自己的孩子放到某个教师的班上。教师被家长认同，这也是教师的一种口碑，是教师有影响力的具体体现。如果一位教师，领导不放心，学生不喜欢，家长不满意，那么其自身的价值如何体现呢？

今天的教师，的确应该有忧患意识，要考虑如何更好地让自己适应当下和未来教育工作的需要。尽管现在大力倡导教师专业化，但是教师的专业地位还没有得到应有的尊重，在这一点上，教师自身也应该反思。曾有人把教师形象地称为"作业技术员"，这对教师而言，是一种多尴尬的揶揄呀！深圳家教老师蔡兴蓉用三年的时间，在接触了数百位家长和孩子的基础上，出版了《走在孩子的后面》一书。这本书中的60个不同孩子的故事，都来自作者家教的真实案例。通过这本书，我们不难发现，现在教师并不真正了解学生的内心，家长对孩子的教育要求越来越多元化了。有些家长的眼光很长远，不那么看重分数了，其实，这对教师的要求更高了。现在很多教师都已适应"应试而教"，要转型也并不是一件很容易的事。比如现在教育行政部门倡导绿色教育质量，要提高分数背后的"含金量"，这是要倒逼教师通过提高专业水平来提高教育教学效能。

现在很多地方，教师的准入门槛也越来越高。已经在职的教师也要认识到今后自己面临的压力和挑战,用更加积极主动的学习来提升自我,走专业发展之路。

　　教师的专业发展之路,其实也就是不断学习之路。教师个人的主动和可持续学习的能力是影响自身专业发展的重要因素。教师应该把不断学习作为一种专业生活方式,阅读是一种有效的学习方式。教师应该把阅读作为自己的生活方式,用自身的实际行动来克服"本领恐慌"。

在延伸阅读中走向更多的书

在阅读上,可以套用狄更斯的一句名言:这是阅读最好的时代,也是阅读最坏的时代。我觉得阅读最好的时代,就是我们可以很便捷地获得我们想要读的书。所谓最坏的时代,就是我们往往没有心情、没有时间去读书。

我觉得,读书,可以从一本书走向多本书。只要你有这样的想法,就可以在阅读中找到更多的书。也就是说,我们可以在延伸阅读中走向更多的书。

从新闻报道或媒体刊发的书评中获得书的线索,这是我和书交朋友的一种方式。

《中国新闻出版广电报》2019年4月19日刊发的世界读书日的专题报道《谈阅读时,我们谈些什么》,我认真阅读了。"阅读,对我们来说究竟意味着什么?当我们谈阅读时,我们谈些什么?"在2019年世界读书日到来之际,《中国新闻出版广电报》的记者采访了几位编辑,与他们一起聊了聊和阅读有关的那些书。在这篇访谈稿里,我获得了很多信息,并因此读到了自己想读的书。

这篇报道中提到:"美国人艾伦·雅各布斯在《如何再次拿起书》

（中信出版集团）一书中，描绘出互联网时代的'众生阅读相'。该书责任编辑杨心怡的体会，或许具有一定代表性：'明明我上学时很爱看书，将各种"闲书"藏在课桌里，会在课堂上偷看小说，读得很入迷。可如今当我有大把时间可以支配，不用再偷偷摸摸，却为什么不像以前那么有心情读书了？'在她看来，探讨我们该如何尽情享受阅读乐趣，让自己能够全身心投入阅读、完全沉浸在书中，这是《如何再次拿起书》最大的意义。"

"'近些年大家越来越重视多读书、读好书，也有很多与阅读方法有关的书涌现。具体到读怎样的书有益，怎样读书才能将书中蕴藏的知识与智慧活用到生活中，是许多人关心的话题。'《如何用阅读改造大脑》（江西人民出版社）特约编辑方泽平道出部分读者的心声……作为日本知名脑科学家，《如何用阅读改造大脑》的作者茂木健一郎将个人丰富的阅读经历和职业背景结合，从科学的角度讲述了阅读与大脑之间的紧密联系，用事例说明阅读对锻炼脑力大有裨益，也让人们从理性角度认识到阅读的影响力。"

这篇报道中对这两本书的介绍，以及它们颇具吸引力的书名，激起了我的阅读欲望。于是，利用午休时间，我在网上搜索后马上下单，第二天这两本书就到了我的手上。

2018年10月，我在《人民日报》上看到原新闻出版总署署长柳斌杰写的《阅读是个大学问》一文，这篇文章是对《阅读的社会学引论——基于全民阅读的研究》一书的推荐。"一个人阅读能力的大小，直接影响到他的个人成长和他对社会的贡献。一个国家国民阅读率的高低，国民阅读力的大小，直接关系到国家软实力和综合国力的强弱,影响到全社会的总体文明程度和创造能力。"这篇文章中的这段话给我留下了深刻的印象。其实,《阅读的社会学引论——基于全民阅读的研究》的作者之一黄晓新的文章我也陆续看过一些,觉得很受启发。于是,我就一直关注着这本书。但这本书迟迟未上市,直到2019年暑假期间,我才买到这本书,并"啃"下了这本阅读社会学的著作,对阅读有了更深刻的理解。

关注一位作者的系列著作或某一专题的书,也是我延伸阅读的一种方式。近年来,我阅读了不少聂震宁的书和文章,《舍不得读完的书》《阅读力》我都阅读过了。2020年1月,我在《中国新闻出版广电报》上看到他的《阅读的艺术》出版的消息,第一时间就到网上去看了。尽管网上还是预售,我还是第一时间下单了。2020年2月初,我就拿到了这本书,打开一看,里面的不少文章有似曾相识的感觉。原来,这本书中的有些文章我以前在他的其他书中看到过。不过,聂震宁先生在前言中提到,编著书籍和其他事情一样,一种新的编排,往往会带来新的价值。他按照"阅读的艺术"把他在阅读学上所拥有的"生产要素和生产条件"重组而成的《阅读的艺术》,是能给读者朋友带来新的阅读体验和感受的。看样子,这样的编排,也算是在"阅读的艺术"方面的一种主题阅读了。

万玮校长的书,我也很喜欢读。近年来,他写的《用服务的态度做教师》《向美国学教育》《教师的五重境界》《40岁,开始学做教育》《学校管理的本质》等书我都读了。有的书,我还写了读书心得体会公开发表。

《中国青年报》编委曹林的书我也很喜欢看,自从看了他的《时评写作十讲》后，对他的理性的写作风格很感兴趣。我觉得他的书，不仅对评论写作有指导意义，对教师做研究也很有借鉴价值。为此，我陆续读了他的很多书，比如《时评中国》《守脑如玉》《时评写作十六讲》等。

又如，有关知识管理方面的书，我也看了不少。比如《好好学习》《好好思考》《刻意学习》《认知突围》《见识》《学习力》《知识变现》等。通过阅读这一类书，我对当下知识管理的现状有了更深刻的认识。于是，我也能在教师专业培训中进行教师知识管理方面的讲座了。

关注书中提到的书，也是我延伸阅读的一种做法。比如，在很多认知管理类的书中都提到《穷查理宝典》一书，于是我就把这本书买下来了。比如，《反脆弱》这本书也有很多人提到，我也买来看了。我在徐贲的《人文的互联网》一书中多次看到他提到《浅薄》一书，就去了解了一下这本书，但遗憾的是当时网上断货，就暂时搁置了。

在阅读中，从一本书走向另一本书，在一本一本的接力阅读中，走向更多的书。延伸阅读，考量的其实是一个人阅读的自觉性，就是要主动为自己寻找适宜自己阅读的书。有了延伸阅读的意识，会让自己接触各种各样的不同类型的书，也会让自己把某个作者，某个领域方面的书"一网打尽"。

阅读推广亦成研究课题

推动阅读价值何在？我曾经在《中国教育报》上读到过"推动阅读就是推动社会进步"的观点。可见，推动阅读还是很有意义的。这些年来，在营造区域教师阅读氛围、推动教师阅读方面，我付出的努力还是很有收获的。因为在推动教师阅读的过程中，我也逐步形成了不少研究成果。阅读推广，也逐步成为我在教师专业成长方面研究的主攻方向。

最初，我是在仁爱中学推动教师阅读的实践上提炼相关经验的，在《教师博览》《中小学德育》《教育时报》《浙江教育报》等报刊刊发了《让教师爱读书其实也不难》《推动教师阅读的行动研究》《把暑假变成教师的"书假"》《教师阅读：从"共读"走向"个性"》等文章。

2014年，我在宁波大学攻读教育硕士学位时，结合仁爱中学推动教师阅读的实践，从阅读文化构建的角度去思考如何有效推动教师阅读。在这个过程中，我开始系统阅读有关教育方面的理论著作和学术论文，从理论的高度去看待推动教师阅读的行为。2016年6月，我的论文《中学教师阅读文化构建的策略与路径》通过答辩，我顺利获得硕士学位。

从 2008 年起,我担任仁爱中学教师读书社社长,如何加强教师读书团队建设和有效推动全校教师阅读就成了我研究的聚焦点。尽管这个课题一直没有申报立项,但我一直用研究的态度来对待它。在实践的基础上,我提炼出了"一体两翼"式教师读书团队建设路径。"一体"就是实体的教师读书社,"两翼"就是专业化和信息化。仁爱中学教师读书社在区内外具有较大影响力,也陆续有区内外的学校前来取经。"'一体两翼'式教师读书团队建设的实践研究"在 2016 年获得宁波市教育科研优秀成果奖二等奖,学校推动教师阅读的案例也因此获得了宁波市首届"校园阅读推广活动十佳案例"的称号。

2016 年 9 月,我到镇海区教科所工作后,在领导的支持下,倡导成立了区域层面的教科研骨干读书会。

2017 年上半年,我在《教育时报》读到中国教育报刊社张以谨发表的一篇关于教师阅读的文章。我觉得他自身的阅读水准比较高,但他的有些观点并不怎么适合中小学教师。于是,我就写了篇题为《推动教师阅读应有"教师立场"》的文章在《教育时报》发表。当时,刚好浙江省教科院组织全省科研人员优秀成果评选,于是,我就结合推动一所学校和一个区域教师阅读的实践,形成了《基于"教师立场"推动教师阅读的实践研究》的研究报告,最终获得全省科研人员优秀科研成果奖二等奖。

镇海区"研之乐"读书会的主要成员是各单位的教科室负责人、中青年名优教师和优秀年轻教师,我觉得这个教师读书先锋团队也可以称为"教科团队",教科团队是推动区域教师阅读的依靠力量,因此是推动区域教师阅读的一个着力点。同样,我们这样的做法可以打造教育科研方面的一个品牌。

从 2018 年开始,"研之乐"读书会发起的"啃读挑战"活动逐渐形成了品牌,不仅让参与"啃读挑战"活动的教师走出了成长的"舒适区",也通过举行大型的区级层面的读书分享会并由不同类型学校承办,影响到了更多的教师。我觉得,"啃读挑战"是推动区域教师阅读的一个有效路径。因此,"啃读挑战"是推动区域教师阅读的另一个着力点。

于是,在推动区域教师阅读上,我有了"三个基于"的想法,即基于教师立场、基于教科团队、基于"啃读挑战"。教师立场是推动教师阅读的初心和使命,教科团队是推动教师阅读的依靠力量,"啃读挑战"是推动教师阅读的实施路径。这样的"三个基于",同样也可以称为"一体两翼"。这里的"一体",指的是教师立场;"两翼"即作为依靠力量的教科团队和作为实施路径的"啃读挑战"。相关做法不仅在实践上很有成效,还得到了媒体的报道和教育行政部门的认可。

《让教师多读书成为一桩好事而非难事——基于教科研团队推动区域教师阅读的实践》在《浙江教育报》刊登。阅读推广案例《基于"教科团队"推动区域教师阅读》获得宁波市教育系统第六届读书节"校园阅读推广活动优秀案例"一等奖,相关研究成果获得 2017 年度宁波市教育科研优秀成果奖二等奖。阅读推广案例《"啃读挑战":让教师走出"舒适区"》在宁波市教育系统第七届读书节"校园阅读推广活动优秀案例"现场评比中获得第一名,《浙江教育报》也刊登了同题的通讯报道。

2019 年 12 月 17 日,在宁波市教育系统第七届读书节闭幕式上,我还做了"'一体两翼'推动区域教师阅读"的经验介绍,获得了与会领导和同行的好评。

此外,我申报的课题"依托'三结合'读书会,激发区域教师成长内生力的实践研究"在浙江省教师教育规划课题中立项,从自娱自乐的研究走上了正儿八经的规划课题研究。

把推动教师阅读作为研究课题,不仅有效地推动了一所学校和一个区域教师的阅读,还让我有了很多的研究成果。

可见,阅读推广也可以成为研究课题。用研究的态度去对待阅读推广这件事,可以把事做得更漂亮,也更有成效。

成为斜杠型教科研工作者

最近几年,"斜杠青年"的说法非常流行,是个时尚名词。我觉得每个人都需要扮演好斜杠型的角色。比如,有人开玩笑说教师要会十八般武艺,因为他们在教书育人的同时,还扮演着保姆、警察、演员、设计师、统计员等多种角色。

我觉得近年来自己逐渐形成了角色定位。目前我首要的角色是县级层面的教育科研人员,扮演好这一角色并不容易,以前我曾在《上海教育科研》读到《浅谈县(市)教科室专职教科员的基本素质与行为规范》一文。这篇文章认为,至今还没有大学能直接培养出县(市)级教科员,因为县(市)级教科员必须具备新闻记者的素质、报纸编辑的素质、教育科研的素质、优秀教师的素质、文字秘书的素质以及教育行政管理的素质。这些素质没有哪个大学能在短短三四年内培养出来。县(市)级教科员都是先在基层"跌打滚爬",少则三五年,多则十年、二十年,而后才从事专职教科工作的。当然,不同地方的县级层面的教育科研人员的具体工作会有不同,但要履行这一岗位职责并不容易。

我所在的单位是集培训、教研、科研、教育技术四位于一体的教师培训机构,因此我同时具有研训员和教师培训师的身份。由于我还承担区教育局办公室的部分教育宣传工作，这样，教育宣传工作者，也是我的一个身份。

在教育科研工作方面，我把推动阅读作为教科研队伍建设的重要抓手，这样，教师阅读推广人也就自然成为我的一个身份。

这些身份都是跟我本职工作密切相关的。

另外，我还是浙江省教育厅新闻办聘任的"教育之江"评论员，经常会写一些跟教育相关的评论。我也曾公开出版过几本跟教育相关的书，也可以称为教育图书作者。

因此，我有着教育科研人员/教师培训师/研训员/教育宣传人员/阅读推广人/教育评论员/教育图书作者这样的"斜杠身份"。其实，这样的斜杠身份并不是东一榔头西一锄头的，而是紧密围绕与教育相关的读、写、讲展开的。

要成为斜杠型的教科研工作者，首先要会写、会讲，中间还有个多思考的过程，但要想把这三者都做好，首先要多读。

可以说，这些年正是大量的专业阅读，让我在教育随笔、教育评论、教育新闻、教育论文、教育书评等方面的写作都拿得出手。而在各类教师阅读讲座中，我讲的能力也得到很大的锻炼。即便是面对几百人的大场面，我也一点都不会怯场。在主持各类读书分享会时，我会有意识地锻炼自己脱稿讲话的能力。现在在一些重要场合我都能做到脱稿讲话，这得益于日常的锻炼。

其实，能对自身有这样的发展定位，也跟自己读过《知识变现》这本书有很大的关系。尽管这本书的书名是《知识变现》，但里面的内容大多跟斜杠青年有关。这两年斜杠青年的说法在我国比较热，但事实上这个说法已不算新鲜了。据介绍，2007年，《纽约时报》专栏作家玛希·埃尔博尔出版的《多重职业：让工作和生活获得双重成功的新模式》一书提出了"斜杠青年"的概念。这本书中提到了斜杠现象，即越来越多的人用与爱好和业余生活相关的身份，而不仅仅是工作的职业来定义自己。比如玛希·埃尔博尔本人除了是美国某非营利组织的副总裁，还同时拥有作家、演说家、人生教练等其他身份。

比如《知识变现》的作者之一萧秋水的斜杠身份是：作家/知识管理专家/新媒体专家/旅行达人/摄影达人。另一位作者剽悍一只猫的斜杠身份是：简书签约作者/独立采访人/演讲教练/LinkedIn中国专栏作者。

现在，不同的人对斜杠青年有不同的看法，有人认为斜杠青年并不是指多重的爱好，每一个斜杠后面，都代表了一种生存技能，是能够带来收入的兴趣和特长。有些人虽然爱好广泛，但都不精，也不会受到市场的认可，无法获得收入或社会效益，这样的人，是不能称为斜杆青年的。

不过，在《斜杠青年》一书中，作者介绍了玛希·埃尔博尔提到的关于斜杠青年的多种组合。比如可以是"稳定收入 + 兴趣爱好"的组合，可以是"左脑 + 右脑"的组合，可以是"大脑 + 身体"的组合，可以是"写作 + 教学 + 演讲 + 顾问"的组合，还可以是"一项工作多项职能"型的组合。

"一项工作多项职能"型的组合，其实把斜杠青年的外延大大拓展了。也就是说，即便你只有一个工作或者身份，但它要求你不仅要有非常全面和综合的能力，而且要涉及不同的职能和领域。

我觉得把自己定位为斜杠型的教科研工作者，就是"一项工作多项职能"型的组合，我也可以成为一个名副其实的斜杆青年。我这个斜杠青年，不是追求自由职业，而是把斜杠青年看成是一种全新的人生理念和个人发展策略，切实提高自己的核心竞争力。

在《知识变现》一书中，作者认为，优秀的斜杠青年首先应该是"单杠青年"，一个人的合理单杠能力结构包括两大部分：基础能力和专业能力。基础能力包括阅读能力、思考能力和写作能力。这个基础能力，正是从事教科研工作必须要具备的。可见，修炼这样的基础能力，就是为成为优秀的斜杆青年做准备。《知识变现》一书中提到的优秀斜杆青年彭小六的《颠覆平庸》、Scalers 的《刻意学习》两本书我也都买来读了，这让我对如何做好斜杠青年有了更深刻的认识。

可见，我把自己定位为斜杠型的教科研工作者是比较精准的，我的第一身份是教科研工作者，要做好教科研管理、指导、研究等方面的工作，要扮演好这个角色，自然需要大量的阅读和写作。在做好这个工作的基础上，我也能扮演好教育培训师/研训员/教育宣传人员/教育评论员/阅读推广人/教育图书作者的斜杠身份。当然，要扮演好这些斜杠身份，有时候需要点时间的投入，但是这些身份的扮演又会让我的职业生活更加充实。

总之，做好斜杠型教科研工作者，日常的核心修炼就是阅读、思考、写作，演讲的能力则在日常的相关工作中锻炼。对我来说，做好斜杠型教科研工作者，就是做好基于自己工作定位的一专多能的优秀教育工作者。当然，要真正扮演好斜杠型教科研工作者的角色并不容易，需要我在日常的工作中不断精进。

第三辑 推动教师阅读的「实用招数」

独阅乐不如众阅乐,教师阅读推广之路究竟在何方?

我不是坐而论道,而是在十多年的身体力行中,有效地推动了一所学校和一个区域的教师阅读。

如何培育教师读书先锋团队?如何让教师在阅读中更有获得感?如何用好学校管理的"指挥棒"来促进教师阅读?如何开展创意读书活动?如何借用外部资源来促进教师阅读?

在这里,你会看到一些实实在在的推进教师阅读的举措。这些举措并不一定能复制,但肯定有借鉴意义。

推动教师阅读是一门学问

尽管我现在在推动教师阅读上做得有声有色,但最初的我,仅凭着一股热情来做这件事,遭遇过一次滑铁卢。也正是因为那次滑铁卢,我认识到了推动教师阅读是一门学问,后来就用研究的态度来对待教师阅读推广了。

2006年4月,宁波市教育局开展了"读好书 促发展"活动,并推荐了50本图书。当时,我在《东南商报·教育周刊》看到这个活动通知时,就向学校领导建议参与这个活动。学校领导很重视这件事,专门拨款并委托书店为全校6个教研组购置了一组市教育局推荐的优秀图书。

当时,书店买到了推荐的50本图书中的大部分,每个教研组都拿到了30多本书。那时的我,自己都还没正式走上教育阅读之路,在推动教师阅读上也没什么经验,只是凭着一腔热情,觉得让教师多读书是好事。学校拿到书后,就直接把书下发到了各教研组,读书活动由各教研组自行开展。作为社会组的一员,我拿到了《新教育之梦》和《教育的智慧与真情》这两本书。当时,学校借市教育局的读书活动来推动教师读书时,也没什么具体的计划,大概是希望通过两年的时间，让全校的教师能大致把这30多本书过一遍，并精读几本，形成读书的习惯。按理说，这样的初衷是挺好的，学校为教师们的阅读提供了便利，让教师们第一时间接触到了上级教育行政部门推荐的好书。

在这两年的时间里，学校也没开展什么具体的读书交流活动。只是组织教师参加了宁波市教育局的"读好书　促发展"征文活动，当时还获得了组织奖。当年10月，《教育信息报》开展了全省首次教师读书征文比赛，学校也组织教师参加了，但参与的教师并不多，最后只有两位教师获得了省二等奖。此后两年，《教育信息报》继续开展年度教师读书征文比赛，但学校参加者还是不多。

两年后，在对"读好书　促发展"主题读书活动进行总结的时候，按事先的规定，每位教师要提交一篇读书心得体会和一篇读书小结。作为读书活动的具体负责人，在查看教师提交的作业时，我有一种很吃惊的感觉。除了读书心得体会有雷同的，有6人的活动小结都是一致的。这次历时两年的"读好书　促发展"活动，除了学校捧回一个宁波市教育局颁发的组织奖和少数老师的个人奖，大多数老师成了看客，并没有从中得到多大的益处。

客观地说，当时宁波市教育局推荐的书都是挺不错的，除《给教师的建议》《教育漫话》《夸美纽斯教育论著选》《陶行知教育名篇》等经典教育著作外，还有朱永新的《我的教育理想》、吴非的《不跪着教书》、程红兵的《做一个书生校长》、郑杰的《给教师的一百条新建议》、高万祥的《我的教育苦旅》等当时最新出版的优秀教育图书。试想，每位教师即便能在两年的时间里认真读上其中的10本，都会收获很大。但是实践证明,这一美好的初衷并没有达到预期。

后来,我对这次失败的活动进行了反思。两年的时间是相对漫长的,读书活动只由各个教研组负责,而教研组长及组内成员对这件事的认识程度各不相同。如果教研组长都没有真正把读书当回事,那么想在教研组内把读书活动真正开展好是不现实的。在两年的时间里,学校层面也没有开展跟进活动,或出台相应的管理措施。从某种程度上来说,这其实是让各教研组的读书活动"自生自灭"。因此,大家工作很忙碌时,对于没有什么硬性要求的读书"软任务",自然就有意识地选择性忽略了。如果,学校能成立一个学校层面的教师读书组织,并扎实开展相关的读书活动,赢得学校行政的支持,那么肯定能唤醒更多教师的阅读热情。

试想,如果当时学校每学期都能举行一次读书征文活动,并在此基础上举行一次读书分享会,每个教研组都要派代表参加全校的交流,这样,有了外在的任务驱动,教师自然就会从心里重视读书这件事,教研组长也会将读书纳入教研组的整体工作计划。当然,学校需要对活动中表现突出的教师给予一定的奖励,并在教研组考核中适当加分。这样,读书活动就能成为学校教研组建设的一个重要组成部分。

在教师内在的阅读热情被点燃之前,外部力量的推动还是重要的。这其实就是一种氛围的营造,一种场动力的形成。当时教师阅读的概念才刚刚兴起,教师订阅专业刊物也仅局限于本学科的刊物,很少订阅综合教育类刊物。那时教师对教育类图书的阅读还没有自觉的意识,仅靠教研组自身来开展教师读书活动,力度自然是不够的。

　　现在回望那两年的阅读推广行动，那时的我也没有真正读过多少教育类的书，在阅读推广方面也没什么经验，因此也无法扮演好教师阅读推广人的角色。所以，一次跟着教育行政部门倡导走的教师阅读推广行动，在两年后，没有进行正式的总结交流，就悄然画上了句号。当然，作为那次读书活动的具体组织者，我心里还是有遗憾的。假如以后学校还开展推动教师读书的活动，我肯定会有所作为，不会像那次这么"窝囊"了。

　　正所谓，一切过往，皆为序章。认真总结失败的原因，这样失败就会成为成功之母。我相信，那次失败也为我今后开展校园教师阅读推广提供了反思借鉴的经验，让我以后的阅读推广不再走弯路。

"最忙之人"先读,发挥标杆效应

2014年3月20日,《中国教育报》刊发了《教师阅读,从最忙碌的人开始》一文,介绍了仁爱中学教师读书社培育"读书种子",发挥"种子效应",推动全校教师阅读的经验。六年的求索,仁爱中学在推动教师阅读方面由原先的悄然失败到登上全国教育媒体,最主要的原因在于发挥了"最忙之人"的标杆效应。

认真总结了原先在推动教师阅读上滑铁卢的教训,我觉得成立一个校级教师读书团队是非常关键的。而且读书团队成员在校内应有一定的影响力,这样才能更好地发挥其先锋模范作用和示范引领作用。

在仁爱中学时任校长朱继幸的大力支持下,学校于2008年11月成立了校级层面的教师读书社,我担任读书社的社长。当时,整个读书社共10人,均为各学科骨干教师或中层以上管理人员,可谓名副其实的先锋团队。可以这么说,读书社的首批成员均为学校中工作最忙碌的群体。如果这部分人先读起来,并且读有成效,那么其他老师以工作忙碌拒绝读书的借口自然就失去了市场。

成立一个教师读书团队是一件非常简单的事,但要让读书社真正发挥其在推动教师阅读中的积极作用，没有先例可循，需要摸着石头过河。我觉得先要把读书社成员自身的读书积极性发挥出来，让读书社真正成为校内教师阅读的先锋团队，让每一位成员都能成为"读书种子"。当时读书社最初的10人中，除了每个教研组都有代表，还有3位德育线的代表。我们希望通过这个先锋团队，充分发挥每一位成员在其所在教研组的示范作用，并更好地带动班主任群体的阅读。

读书社成立之后，我就把自己读过的且非常受启发的山东教育社原总编辑陶继新的教育讲演录《做一个幸福的教师》作为首本共读书。当时，我阅读这本书时，书中的很多观点给我留下了深刻的印象。比如，如果一位教师坚持阅读，久而久之，他就会成为所在单位的优秀分子，甚至是更大范围内的教育名人。我觉得这句话道出了阅读促进教师成长的真谛，阅读首先是慢的艺术，不能速成，但日拱一卒必然功不唐捐。

把这本书作为读书社的首本共读书，我觉得有两层意思。一是这本书的书名很不错，作者陶继新是《中国教育报》评选的"推动读书十大人物"，爱阅读的教师其实就是幸福的教师，这是一种价值的导向。二是这本书收录了陶继新老师的三个重要演讲，其中一个为《读书与教师生命成长》，这个演讲把教师读书的方法、读书的内容、读书与教学的关系、读书写作与教师专业成长、读书与思考的关系等讲得非常透彻。《做一个幸福的教师》是一本非常好的教师阅读方面的入门书。

此后不久，华东师范大学出版社出版了我国著名特级教师，也是

《中国教育报》"推动读书十大人物"的高万祥的《优秀教师的九堂必修课》。这本书把"读书修身"作为优秀教师的第一堂必修课。我读过高万祥老师的其他著作，对他大力倡导师生阅读的做法很认同，他还提出过教师读书拯救自我的观点。于是，我把这本书作为读书社的第二本共读书，刚好让大家在寒假的时候好好读读。

2009年3月，在读书社成立4个月后，读书社举行了首次读书分享会，大家就阅读这两本书的感悟进行了分享。在分享会上，大家踊跃发言，畅谈这两本书带给自己的触动，尤其是畅谈自己真正认识到了阅读与专业成长的关系。从大家洋溢着笑容的脸上，我感觉到读书的种子已经在大家的心中种下了。学校主要领导也参与了分享会，他们勉励读书社成员除了要自己多读书，更要带动更多的教师阅读。

于是，读书社定期或不定期举行读书分享会就成了一项常规动作。在读书社举行读书分享会的时候，校长、书记只要在校，一般都会参加。这样也在学校确立了一种非常好的导向，那就是学校领导非常重视教师的阅读。

正是因为让学校最忙之人先读起来，并且读出了滋味，读书社的读书种子悄然发挥了"种子效应"，慢慢带动了其他教师。读书社成员在读的书，其他教师也会去关注。2010年6月，读书社成立一年半后，经校内教师自主报名，读书社扩容到了36人。此后几年，读书社虽然有人员进出，并建立了退出机制，但人数基本上都会控制在36人左右，这个合适的规模便于各类读书分享会的开展。

从2010年开始，仁爱中学教师读书社还开展了一项颇有仪式感的"新春开学第一课"活动。每年春节后,新学期教师报到大会前一个小时,读书社会举行一个新春读书分享会,学校党政工领导全部参加。

"一花独放不是春,百花齐放春满园"。在仁爱中学教师读书社的引领下,仁爱中学教师的全员阅读活动开展得有声有色,学校连续多年在浙江省教师读书征文评选活动中获得组织奖,教师个人获奖总数在宁波全市位居第一。仁爱中学推动教师阅读的做法也逐步成为学校教师培训的亮点和金字招牌。

让最忙之人先读起来,让最有说服力的教师群体领跑全校教师阅读,发挥标杆效应,仁爱中学教师读书社在实践中成了典范。

"共享书架"变办公室为"阅读场"

在仁爱中学每一间教师办公室的墙上，都安装着一个小型的不锈钢书架，大家称之为"共享书架"。"共享书架"里放的书，有些是学校工会赠送的，有些是学校图书馆统一购置的，有些是教师从图书馆借阅的，有些则是教师个人的。教师"共享书架"进一步营造了浓郁的办公室阅读氛围，实现了教师办公室文化的再造，让教师可以方便地利用碎片时间阅读。

2010年世界读书日期间，我想到这样一个问题：学生教室里都建有图书角，教师办公室同样可以有类似的配置呀。于是，我把这个想法跟当时的学校工会主席商量了一下，得到了学校工会的大力支持，为每间教师办公室安装一个书架成为工会为教师办的一项实事。

没过多久，仁爱中学全校15间教师办公室全部装上了被称为"共享书架"的小型不锈钢书架。同时，学校工会还为每个"共享书架"配发了《破解幸福密码》和《24节气养生法》等书。此后，工会还不定期地为"共享书架"赠书。比如2010年9月新学期开学，工会为每个"共享书架"送上一本《教师一定要知道的99个健康细节》，提醒大家要注意自身的健康。为更好地建设学习型工会和学习型校园，学校工会倡导教师利用平时的零碎时间来加强学习，充分利用边角料时间来促进自身成长，创建学习型办公室。于是，"共享书架"就为教师的日常学习提供了便利。

学校图书馆也依托教师共享书架，发挥延伸服务功能。2010年10月，学校图书馆去杭州博库书城采购图书，我也一起去了。在选书的过程中，我们对于一些特别适合教师阅读的教育书籍，比如《过一种幸福完整的教育生活——朱永新教育讲演录》《教师的20项修炼》《教育是慢的艺术——张文质教育讲演录》《教师专业成长的途径——30位优秀教师的案例》等书，就按照教师"共享书架"的数量配置，直接摆放在教师办公室，方便教师阅读。这样就为教师亲近最新的教育专业书籍创造了良好的条件。教师们也充分利用"共享书架"的便利，实现了阅读上的"互通有无"和"友情推荐"。有些教师把自己读过的好书，把自己从学校图书馆借来的书，也放在"共享书架"上，让大家一起分享，让"共享书架"发挥更大的作用。

仁爱中学有4间教师大办公室。为了给教师提供更好的休息条件，学校给每间大办公室配备了茶几和沙发。2011年6月初的某一天，我看到语文组的"共享书架"边上摆满了花花草草，看起来非常美丽。于是，我就邀请两位女教师做"模特"，拍下了她们坐在沙发上读书的一幕。当时，《中国教师报》从5月份开始公开征集创意读书角。于是，我就把我拍的"教师共享书架"的照片发了过去。2011年7月2日，我到北京参加《中国教师报》香山会馆开馆仪式暨课改论坛。报到领取资料后，我在翻看资料袋里的《中国教师报》时，忽然眼前一亮。原来，会议资料袋里放着的6月29日的《中国教师报》，第16版以《仁爱中学"教师共享书架"为教师提供"精神补给"》为题对"共享书架"进行了图文报道，而且是彩色版面，看起来非常醒目。仁爱中学"共享书架"的做法就这样登上了《中国教师报》，在全国读者面前亮相了。

2013年3月，舟山市沈家门第一初中一行10多人到仁爱中学考察推动教师阅读的经验。在交流中，他们对仁爱中学的教师"共享书架"非常感兴趣，提出要到语文组现场去看看。当他们在语文组看到和图片上一样的一幕时，都连连叫好。他们认为这样的做法投入不大，但效果非常好。

区内的一些兄弟学校也借鉴了仁爱中学教师"共享书架"的做法，更好地为教师的阅读提供便利。省外也有一些学校在网上看到了"共享书架"的介绍后，采取了类似的做法。绍兴市总工会的网站也转载了宁波市教育工会网站上发布的仁爱中学教师"共享书架"的做法。

后来，我在网上看到一些学校介绍自身推动教师阅读的做法时，对仁爱中学教师"共享书架"采取了简单粗暴的"复制"，变成了他们自己的创意。有些学校在"复制"时，甚至连仁爱中学教师"共享书架"里放的书目都一模一样。有些学校的"复制"则是基本上照搬，仅根据自己的需要把书换了一下。仁爱中学教师"共享书架"的做法，能被其他学校"复制"，说明这样的做法是得到认同的。

客观地说，当时仁爱中学推出教师"共享书架"的时候，共享经济尚未像现在这么流行。但在书香校园建设的推进中，"共享书架"并不过时，仍可以大有作为。有些书，没有必要人手发一本的话，"共享书架"就是其最好的去处。学校图书馆可以进一步发挥好服务作用,把教师想读的书定期送到"共享书架",为教师提供更便捷的阅读条件。

教师"共享书架"其实也是教师办公室文化建设的一大亮点,也能起到环境育人的作用。教师"共享书架"对学生而言,就是一种无声的教育。学生来办公室,看到办公室里的"共享书架",又看到教师在读书的话,自然就会对他们起到潜移默化的作用。同样,家长来到教师办公室,也会切身体会到学校对教师学习的重视。

在书香校园建设的推进中,教师阅读亦是重要的组成部分。因此,学校在为学生教室装上图书角的同时,不妨也为教师办公室安装上书架。仁爱中学教师"共享书架"引发广泛关注,说明这样的做法是可行的。

党政工合力推动教师阅读

在仁爱中学,推动教师阅读,不仅仅是一个部门的事,还是党政工携手共同发力的成果。在几年的实践中,仁爱中学形成了由学校党支部发动、学校教科室具体组织、学校工会颁奖的"三位一体"的教师阅读推动机制,有效地整合了各部门的力量,发挥了推动教师阅读的合力。在推动教师阅读上,如果仅仅依靠一个部门孤军奋战,是很难形成气候,也很难取得成效的。

仁爱中学"三位一体"的教师阅读推动机制,使得推动教师阅读成为党、政、工的一致目标,成为学校的重点工程。这种形式的教师阅读推动机制,在全校进一步营造了浓郁的读书氛围。

在这一点上,我深有体会。作为推动学校教师阅读工作的具体负责人,我会事先做好相应的准备工作,但具体的"抛头露面"的事,我会让学校的党支部书记去做。比如每年寒暑假的教师读书征文比赛的通知,均由学校党支部书记在全校教师大会上公开宣读,由党支部发动。党支部书记宣读这样的通知更有分量,也会更加引起教师的重视。有了领导的发动,我做起具体工作来就顺畅多了。这就是工作上的一种借力策略。

有了党支部和工会对教师阅读的大力支持,有些事情做起来就顺手多了。比如,2010年8月,借教师读书社扩大规模的契机,学校工会给读书社成员赠送了一期创刊不久的《教师博览·原创版》。这份优秀的教育期刊引起了读书社成员的极大关注。从2011年起,读书社成员把《教师博览·原创版》作为共读的教育专业刊物,都自费订阅。后来,学校把这份刊物作为奖品,奖励给读书社的优秀成员。

2010年11月,学校党支部邀请《中国教育报》"推动读书十大人物"、著名特级教师闫学来校讲座,并赠送给全体教师人手一本闫学的《教育阅读的爱与怕》。2011年1月4日,学校党支部召开新年读书沙龙,赠送给读书社成员人手一本《平静的忧思》,作为读书社成员提高人文素养的读本。

2011年,学校党支部为了更好地推进学习型党支部和学习型校园的建设,在全体党员的生日当天送上一本《做一名学习型教师:教师专业发展的务实行动》,让每一位党员强化自己在阅读上的使命意识。

2012年5月,学校工会把《我抓住了两个世界》一书作为在省教师读书征文比赛中获奖教师的精神奖品。读书社还结合这本书的阅读,联合区内外学校,和作者进行在线交流。

2013年2月,学校把《第56号教室的故事——雷夫老师中国讲演录》《做一个卓越而幸福的教育者》《好懂好用的教育心理学:解决学生学习的10个困惑》等书作为精神奖品颁发给在省、区两项读书征文比赛中获奖的教师。这三本书中,前两本是《中国教师报》2012年评出的"十佳好书",第三本是中国教育新闻网评出的"2012

年影响教师的100本书"中的"十佳图书"。我们把这样的好书作为精神奖品发给教师,能让教师在不间断的阅读中获得更多。

2014年世界读书日期间,学校党支部给全体党员和读书社成员赠送了《树不必对风生气:给中学生的103封回信》,并结合这本书的阅读,开展了"与世界读书日同行"读书沙龙。

在这些读书活动中,党、政、工轮番上阵,让大家切实感受到学校对教师阅读的重视。

学校经常在全体教师大会上表彰学校评选的读书积极分子和在各级读书征文比赛中获奖的教师,校长、书记给获奖者颁奖,在全校教师中形成倡导读书的风气。

教科室作为学校推动教师阅读的具体执行部门,精心做好各项读书活动的组织工作,积极扮演好服务者的角色。教科室每年组织教师参加浙江省教师读书征文比赛,并对部分教师的读书随笔进行修改提炼。比如李铮老师在读了陈宇的《你能做最好的班主任》,写了篇《用心灵完成生命的转向》。我看了以后,觉得很不错,于是就把这篇文章推荐给《中国教师报》的编辑,后来这篇文章在《中国教师报》刊发。这是李铮老师第一次在国家级的刊物上发表文章,此后她撰写读书心得体会文章的积极性更高了。2012年12月,她读了罗恩·克拉克《优秀是教出来的——创造教育奇迹的55个细节》一书后撰写的读书心得体会文章《追寻生命的脚步,寻找内心的光明》,获得第七届浙江省教师读书征文评选活动一等奖。又比如有一位教师写的读魏书生的著作的心得体会文章,没有写具体的标题,我看了文章的大体内容,就提炼了标题《不妨多向魏书生学习学法指导》。后来,这篇文章在浙江省教师读书征文评选活动中获得了二等奖。

这样,各部门联合推动,大家也共享成果。现在,学习型组织、学习型校园、学习型工会建设都是学校党支部、学校和学校工会需要努力的方向。因此,在仁爱中学,推动教师阅读也成为学校党支部、工会和师训工作的品牌和特色,大家都乐意为推动教师阅读添砖加瓦,学校在推动教师阅读方面也获得了不少奖项。

在工会的推荐下,仁爱中学教师读书社被评为镇海区"工人先锋号"和镇海区"最佳教工社团"。在党支部的推荐下,仁爱中学教师读书社推动教师阅读的相关做法被宁波市教育局评为创新争优典型案例,并在镇海区教育局开展的"育人成才先锋"党建创新案例评选中获得一等奖。

让爱阅读的教师多站"C位"

我曾在《中国教育报》读到一篇题为《爱读书的老师咋成了另类》的文章。这篇文章中的老师爱阅读,结果同事不待见,校长也不看好。这篇文章给我留下了深刻的印象。我意识到,要让更多教师形成爱阅读的习惯,让爱阅读的教师得到尊重。按照现在流行的说法,就是要形成重视教师阅读的价值追求,让爱阅读的教师多站"C位"。

让爱阅读的教师得到学校主流文化的认同,让他们得到更多人的尊重,这样才能吸引更多的教师加入阅读的队伍。

让学校主要领导多参加教师读书活动就是学校重视教师阅读价值追求的具体体现。因此,每次教师读书社举行读书分享会,我都会邀请校长、书记等学校主要领导参加。学校主要领导也都非常支持,只要有时间都会来参加。他们会在教师读书分享会上认真聆听教师的发言,对教师的成长给予及时的肯定,并勉励大家在阅读中加快自身成长的步伐。

学校主要领导对教师阅读的态度体现了教师阅读在学校中的地位。有了学校领导对教师阅读的重视,爱阅读的教师在学校中绝对不会成为另类。这样,教师也可以光明正大地在办公闲暇阅读教育专业书籍,写读书心得体会文章。

仁爱中学自 2008 年 11 月成立教师读书社后,就依托读书社的力量,精心组织全校教师参加了第四届浙江省教师读书征文评选活动,当时全校有 8 位教师获奖。尽管从获奖人数上看,创了历年的新高,但是从所获奖项的质量上看,还是一般。为更好地鼓励教师读写结合,提高读书征文的质量,我向学校领导建议,把教师在区级以上发表或获奖的读书征文纳入教科研成果范畴,奖励标准视同同级论文。学校领导同意了这一建议,因此教师发表或获奖的读书征文就在校内享受论文同等待遇。其实,在职称评审或名优教师的评选和考核上,读书征文是不能作为论文的,因此在很多人看来,写读书征文没什么用。但是,对教师的成长来说,写读书征文是在实践中提高自身写作能力的有效路径。读写结合,不仅提高了阅读质量,也让教师有了更多的写作实践。

有了激励机制的助力,仁爱中学教师每年参加省级教师读书征文评选活动的积极性都比较高了。自 2009 年起,仁爱中学每年都在浙江省教师读书征文评选活动中获奖,而且教师个人获奖的数量和质量都有提升。2012 年到 2015 年间,仁爱中学有 10 位教师在浙江省教师读书征文评选活动中获得一等奖。

有了学校重视教师阅读的价值引领和学校在教师读书征文方面的激励,教师读写结合的积极性有了明显的提高。这里还有一个非常有力的数据,镇海区的某次教师读书征文比赛中,全区共评出 25 个优秀奖,仁爱中学就占了 11 个。这充分说明了仁爱中学的教师在读书征文写作技能上是非常过硬的。

除了把教师在区级以上发表或获奖的读书征文纳入教科研成果范畴，仁爱中学还每年举行校级读书征文比赛，让更多的教师能在读写结合中有所收获。对于在浙江省教师读书征文评选活动中获奖的教师，学校会在全校教师大会上公布获奖信息，并由学校主要领导颁奖。当年，对在校级读书征文比赛中获奖的教师，学校主要领导也会在全校大会上公开表彰。对于获奖的教师，一般还会另外赠送好书作为精神奖品，鼓励大家继续读写结合。

学校还会有意识地专门表彰读有成效的教师。比如在学校教师读书社成立六年之际，学校专门表彰了10位在阅读方面有成绩的教师，并在汇编读书社资料的时候，收录他们通过阅读促进自身成长的感悟，使他们的成长让更多同事看到。

此外，学校领导会有意识地在各类公开会议上表扬爱阅读的教师，爱阅读的教师容易得到表彰，进一步营造了学校崇尚教师阅读的氛围。

在仁爱中学，凡认真阅读并写读书心得体会的教师，就有机会在学校公开场合站"C位"。教师也是需要激励的，爱阅读的教师能在学校受到激励，那么自然就会有更多的教师走上阅读的道路。

爱阅读的教师多站"C位"仅仅是表面上的。事实上，这些教师在认真阅读和写作中所获得的成长，才是他们真正的收获。

让爱阅读的教师多站"C位"，这个做法后来我也推广到了全区。每次区级征文比赛的一等奖获得者，都会在全区的大会上被公开表彰。对于在省级读书征文比赛中获奖的单位和个人，也会找机会在全区的会议上对其进行公开表彰。比如在2019年镇海区教育系统

"生命教育"主题论坛暨《生命教育教师手册》读书分享会上,就公开表彰了在浙江教育在线第五届"我的教育理想"读书征文活动中获奖的单位和个人。这样,让获奖单位和获奖个人公开亮相,可以放大获奖的心理效应,让大家更有获得感。公开表彰获奖者,既是对获奖者的肯定,也会激发其他人的进取心。

让爱阅读的教师多站"C位",看似简单的背后有很多值得深入思考的因素。如果想让更多的教师爱上阅读,让爱阅读的教师多站"C位"应该是个不错的选择。

教师阅读活动就这样贯穿全年

前不久，我在阅读张贵勇的《学生眼中的好教育》一书时，看到有些校长在推动师生阅读方面的困惑。有校长表示，最让自己感到困惑的是，虽然读书活动举办了很多次，但是师生阅读还是处于被动状态，如何让师生自觉阅读，自己没有方向，也缺乏头绪。于是，各种热闹的读书活动一结束，师生的阅读热情就瞬间消退，一切又恢复原样。

可见，推动师生阅读并不是毕其功于一役的事。而推动教师阅读，又比推动学生阅读更难。因此，在推动教师阅读上，不能搞一阵子，而要打持久战，把阅读活动贯穿全年。这一点上，仁爱中学就做得比较到位。

2014年1月17日，我在《浙江教育报·教师周刊》上发表了《马年，我们这样读书》一文。这篇文章讲述了仁爱中学把教师阅读活动贯穿全年的做法。

以下就是仁爱中学2014年在教师阅读方面的那些事儿。

新年伊始，我们在学校校园网互动论坛"网上家园"的《书香校园》栏目上发布了在刚刚结束的上一年度浙江省教师读书征文评选活动中本校教师获奖征文的电子稿,供大家学习品鉴。此外,我们还把《浙江教育报·教师周刊》电子互动论坛"教师话坊"上的获奖文章链接上去,让大家进一步感受全省的同行们在读些什么书,获奖的征文有哪些可借鉴的地方。

1月6日,在《中国教育报》2013年度"教师喜爱的100本书"评选结果公布后,我们结合原先的《中国教师报》和中国教育新闻网联合评选的2013年度"影响教师的100本书",选择了《教育魅力——青年教师成长钥匙》《一盏一盏的灯》《迷人的阅读——10位名师的秘密书架》《教育照亮未来——民国八大教育家经典文选》《创造一间幸福教室》《没有孩子是差生——50个问题学生的教育案例》等8本书作为精神奖品,供在省教师读书征文评选活动中获奖的教师选择。

与此同时,学校党支部、工会和教科室联合开展了"对我影响最大的一本书"主题读书征文活动正式启动,鼓励大家在即将到来的寒假好好回味一下近5年来与好书倾心交流的故事。春节过后的新学期开学后,学校将组织评奖,并把优秀的征文推选参加2014年下半年的第九届浙江省教师读书征文评选活动。学校会在全校教师大会上隆重表扬获奖的教师,并由校长、书记颁奖。

此外,我们还在《书香校园》栏目建立了《让我们一起来做"有滋味"的教育人——读〈班主任,可以做得这么有滋味〉主题帖》《让我们向心理学借智慧吧——读〈学生管理的心理学智慧〉主题帖》《读透学生心理困惑才能更好引领他们成长——读〈树不必对风生气〉主题帖》等大家读得比较多的书的主题帖,欢迎大家随时发表心得体会,使读书交流超越时空的限制。学校工会对教师的发帖给予一定的奖励,凡是发帖的教师都可以参与工会每月一次的抽奖,对于精华帖另外给予奖励。

在春节过后的新学期、教师开学报到大会前一个小时,学校读书社举行了一个"马年新春读书沙龙",作为教师的"开学第一课",这样的做法,学校已经坚持好几年了。开学初,学校对寒假开展的"对我影响最大的一本书"主题征文比赛的征文进行评比,并在全校教师大会上对获奖教师进行表彰。

在接下来4月份的世界读书日,读书社将在教师休闲书吧——芳馨苑,举行"与世界读书日同行"主题读书沙龙,用自己的方式来纪念这一节日。

6月初,学校第四届"让教师读自己爱读的书"活动将正式启动,学校推荐6本优秀的图书,教师自行选择1本,学校统计后统一购买,并在放暑假前将书发到教师手中。学校党支部、工会、教科室发起的"过书香暑假"有奖读书征文活动同时启动。

在8月底的暑期师德学习期间,学校安排6位读不同的书的教师进行大会交流,让大家共享阅读智慧。在大会交流之后,大家对这些书有了更多的了解。学校会趁热打铁,在原先6本书的基础上,再推荐几本书,每位教师最多可以选3本,学校补贴80%的费用,把读书活动推向深入。2013年,在第三届"让教师读自己爱读的书"活动之后,学校就采取了这样的方式,深受教师们欢迎。

10月份,学校会在教师提交的各类读书征文中,精选部分文章参加浙江省教师读书征文评选活动。

12月份,浙江省教师读书征文评选活动结果公布。

可见,仁爱中学在教师阅读方面,从年初到年底,都有相关的事情可以做,跨年后又继续进行,成了不间断的活动。当然,每年具体开展的活动可以根据需要进行必要的调整,但让阅读活动贯穿全年的做法,使教师阅读成了持久战。这样,我们就可以从更高的站位去谋划一些活动,让大家在阅读中既有获得感,又有新鲜感。

仁爱中学的阅读活动贯穿全年,越来越多的教师形成了爱读书的习惯,读书也成了大家的一种专业生活方式。学校在省教师读书征文评选活动中获得好成绩,自然也就水到渠成了。能在省级读书征文评选活动中获奖,会进一步激发教师读书写作的积极性。每年的浙江省教师读书征文评选活动,学校不用刻意去宣传,结果都比较理想。

当然,教师获得的各类奖项都是读写结合的"副产品"。参加各类读书征文比赛,是鼓励教师固化读书成果的一种方式,也是对大家读有所得的一种检验。让教师读写结合的成果,有一种认定的途径,也不失为一个好方式。通过参加浙江省教师读书征文评选活动,仁爱中学有了一支比较固定的教师阅读团队,这既是阅读活动贯穿全年的成效,同时也进一步让阅读活动全年化有了更扎实的基础。

德育研讨因阅读而更精彩

德育研讨会是仁爱中学德育工作的品牌。学校每年选取一个热点问题,每位班主任撰写研究文章,大家在全校德育研讨会上进行交流。学校还将相关的文章汇编成册,作为德育校本培训资料。

2012年3月,在阅读了我国知名德育研究专家、北京师范大学博士生导师檀传宝教授的《走向德育专业化——学校德育100问》之后,我认识到教师德育专业化今后会越来越受到关注。于是,我考虑将主题阅读和学校的德育研讨会结合起来,既提高德育研讨会的品质,又进一步引领教师走德育专业化之路。

2012年4月,仁爱中学申报的"时代精神映射下的初中魅力班会课的研究与实践"被立项为宁波市教科规划课题。随着班主任专业化的发展,上好主题班会课已成为班主任的一项核心能力。以宁波市为例,从2011年开始,全市的主题班会课评比明确要求参赛教师要自己主持班会课。在现实中,不少主题班会课都是学生唱主角,班主任在最后点评几句。而主题班会课有不同的类型,有些类型是不适合由学生主持的。从某种程度上来说,班会课主持能力不足已成为不少班主任的"软肋"。

我与学校时任德育副校长洪浩商量，把主题班会课设计作为德育研讨会的主题，因为不少班主任还缺乏主持班会课的意识和能力。最终，我们决定把"精心设计主题班会课，提高班主任核心能力"作为2012年第十三届德育研讨会的主题。当时，大夏书系刚刚出版了《有效主题班会八讲：设计理念与实施策略》一书，学校给全体班主任人手一本，作为设计主题班会课的参考资料。宁波市中小学德育研究会时任会长张骏乐对仁爱中学的这一做法非常认同，并为那次德育研讨会的论文集写了题为《提高主题班会课主持能力，走德育专业化之路》的序言。在序言中，张骏乐会长介绍了宁波市中小学德育研究会倡导的"思辨说理型""体验感悟型""宣导歌颂型"三类主题班会课，并指出主题班会课的类型决定主题班会课的主持方式，"思辨说理型"和"体验感悟型"主题班会课适合教师主导型的主持方式，"宣导歌颂型"主题班会课适合学生自主型的主持方式。张骏乐会长的这篇序言，为教师更好地上好主题班会课指明了努力的方向。

在2012年8月下旬仁爱中学举行的第十三届德育研讨会上，学校七位班主任介绍了他们设计的主题班会课，包括设计背景、活动目标、活动过程等，让大家有一种身临其境的感觉。他们的发言，让场下聆听的教师非常受用。不少教师表示，听过很多次教师的交流，觉得还是这次贴合实际，非常有"干货"。

此后，仁爱中学有两位班主任先后为区外过来学习的同行和宁波市校长培训班的学员示范了"我爱我家"和"美丽的八年级四班"主题班会观摩课。这两节主题班会课，班主任都以主持人的身份，全程参与班会课的主持，为全校班主任上好主题班会课起了很好的示范作用。后来,仁爱中学在镇海区的主题班会课评比中获得一等奖。

2013年4月,《浙江教育报·教师周刊》副主编吴志翔的新作《树不必对风生气:给中学生的103封回信》出版,这本书是他在《中学生天地》的专栏上给学生回信的结集。我觉得他在书中涉及的问题,可以帮助教师更好地认识当下中学生的心理困惑,可以让教师更好地站在学生的立场来考虑问题,更好地走进学生的内心深处,做好学生心灵成长的引路人。而且,现在研究学生也成为教育工作的重点问题。甚至有专家认为,研究儿童是教师最重要的新基本功。而根据国际通行惯例,18周岁以下的青少年都称为儿童。可见,研究学生是现代教师的一项重要修炼。我们常说以学生为本,但很多时候往往是"眼中无人"。《中国教育报》也曾刊发过《以学生为本必须从研究学生做起》的文章。

这本书,教师读书社的成员已经在当年的世界读书日期间分享过了。我觉得这本书也非常适合班主任阅读,于是,就把这本书向学校时任德育副校长洪浩推荐,并建议结合这本书开展德育研讨会。他看了这本书后,觉得对班主任提高解决学生的困惑的能力有很大的启发意义,并借此引领班主任反思自己研究学生的行为,提高研究学生的水平,能更好地服务于育人工作。

2013年8月,在学校的以"聚焦学生成长困惑,提高教师引领水平"为主题的第十四届德育研讨会上,七位班主任结合自身的实践和阅读《树不必对风生气:给中学生的103封回信》的体会,介绍了他们在关注学生成长困惑方面的努力。这样的方式,能够引领教师注重对育人实践的反思,加强自己的问题意识和研究意识,提高自身的育人能力。

主题阅读和学校的德育研讨会相结合，可以引领班主任进行有针对性的阅读，了解当前德育的最新发展趋势。同时，这样的举措也有利于增强德育研讨会的针对性，让德育研讨会更好地发挥在提高教师德育研究能力、促进德育智慧共享中的作用。

两次主题阅读和德育研讨会的成功牵手，说明了把读书和德育研讨结合起来，是一种优势互补。这样也有利于激发班主任专业阅读的热情，并以书为镜，更好地反思自己日常工作中的功过得失。当然，把阅读和德育工作结合起来，还有更多方式，让德育研讨因阅读而更精彩只是一次成功的尝试。

共读和个性阅读不能顾此失彼

2010年暑期前夕，仁爱中学给全体教师人手一本发放了源创图书出品的吴非老师的新作《致青年教师》，让全校教师第一时间与吴非老师的这本告别讲坛之作见面。同时，这次全员共读也为仁爱中学的"大一统"发书方式画上了句号。

在学校教师读书氛围已基本形成的前提下，从2011年开始，时任校长朱继幸倡导学校开展"菜单式"读书活动，让教师读自己爱读的书，努力让每位教师在学校组织的每一次读书活动中有更多的收获。这样一来，为教师推荐好书的任务就落到了我头上。

为教师推荐好书要考虑教师的需求。学校有一位女教师说，她在一次培训中听了南京市优秀班主任陈宇老师的讲座后很受启发，如果有机会的话，很想读读他的书。当时，源创图书刚刚推出了陈宇老师的《你能做最好的班主任》，南京市教育局也为他的这本书专门举行了首发式。于是，我就把这本书纳入了暑期推荐书目。另外，学校组织教师观看了美国教育电影《热血教师》，大家对主人公罗恩·克拉克的教育艺术很感兴趣，于是，我把罗恩·克拉克的《优秀是教出来的——创造教育奇迹的55个细节》也纳入了推荐书目。

这样，2011年6月初，一份有着《你能做最好的班主任》《优秀是教出来的——创造教育奇迹的55个细节》《教师的体态语言》《教师的幸福资本——成长为优秀教师的8种特质》《论语今读》《教师不可不知的哲学》的清单发到了每一位教师手中，在书单的后面，还附上了每本书的简介。这样，教师们选书的时候，可以对所选的书有更清楚的了解。学校教科室统计后，委托宁波新华书店购书。在暑假到来前，每一位教师都拿到了一本自己心仪的书。

在2011年8月下旬学校暑期师德学习期间，学校安排六位教师进行大会交流。这六位发言的教师所选的书都不同，这样的交流给大家带来了更大的信息量。从教师们反馈的情况来看，大家对这样的读书方式还是比较欢迎的。

2012年暑期，学校继续举行"让教师读自己爱读的书"活动，并围绕学校教师队伍建设的目标，确立了"聚焦专业发展，提升职业幸福"的主题。学校向教师们推荐了《教师职业幸福的秘密》《班主任，可以做得这么有滋味》《今天怎样做教科研：写给中小学教师》《教师要学陶行知》《好学生好学法》《我抓住了两个世界》这6本书，并在放暑假前把书发到了教师手中。《教育时报》2012年7月21日以《把暑假变为教师的"书假"》为题对仁爱中学的暑期读书活动进行了介绍。

2013年6月7日，学校举行第三届"让教师读自己爱读的书"启动仪式。学校向教师们推荐了《读书成就名师——12位杰出教师的故事》《民国先生》《做老师真好》《魅力课堂：高效与有趣的教学》《学生管理的心理学智慧》《做一个心理健康的教师——教师心理咨询的48个典型案例》这6本书。有意思的是，学校推荐的这6本书，全部入选中国教育新闻网和《中国教师报》联合举办的第五届全国教师暑期阅读随笔征文活动的推荐书目。

2013年8月28日，学校举行了以"做全民阅读的领跑者"为主题的第三届"让教师读自己爱读的书"交流活动，全校教师参与，六位教师交流了他们的心得体会。在教师交流结束后，朱继幸校长对六位教师的精彩发言给予了肯定，并现场表态，为更好地推动教师阅读，学校鼓励教师多买好书。每人可在原先这些书中选择1—2本，学校补贴80%。这样，选自己爱读的书成为教师的"开学第一课"。

2013年8月29日，学校邀请杭州市模范班主任、感动杭城十佳教师郑英为大家做"班主任，可以做得这么有滋味"的讲座。其实，对仁爱中学的很多教师而言，这次讲座就是与《班主任，可以做得这么有滋味》一书的作者见面会。不少教师表示，听了郑英老师幽默、风趣的讲座后，对她的智慧充满了敬意，对她书中的做法的认识也更深刻了。从读书到读人，大家都觉得有了更多的收获。学校也把郑英的《班主任，可以做得这么有滋味》纳入了正在进行的教师二次选书的书目范畴。由于大家刚刚听过郑英的讲座，也就想进一步了解这个"有滋味"的班主任是如何炼成的，全校共有35位教师选择这本书。郑英的这本书是学校上一年的"让教师读自己爱读的书"活动的推荐书目，当时全校也有30多人选择这本书。这样，全校超过60%的教师选择了《班主任，可以做得这么有滋味》，相信这本书会给教师们带来很多正能量。

2013年9月10日，在庆祝教师节大会上，学校把教师选择的目己爱读的书发到了每一位教师的手中。在仁爱中学，通过"让教师读自己爱读的书"这一活动，读书变成了教师的一种日常生活方式，读书交流成了教师们的自觉行为。与此同时，学校逐步引导教师建立合理的阅读结构，走个性阅读之路。

2014年到2016年，仁爱中学继续开展"让教师读自己爱读的书"活动。但我也认识到，对学校而言，仅注重教师的个性阅读是有欠缺的，还需要读一定的共读书。

于是，从2015年开始，学校面向读书社成员和党员教师，开展了有针对性的共读活动。在共读书的选择上，学校跟宁波市教育系统读书节接轨。比如，2015年和2016年的共读书分别为《习近平用典》和《读懂课堂》，在共读的基础上举行读书分享会。也正是因为学校共读了《读懂课堂》，宁波市教育局邀请《读懂课堂》一书作者钟启泉教授来宁波讲座时，就由仁爱中学来承办。

让共读和个性阅读有机结合，在教师阅读推进的不同阶段可以各有侧重。在学校还没有形成一定的阅读氛围的基础上，可以把重点放在共读上。此后，可以个性阅读为主，并兼顾一定的共读。总的来说，共读和个性阅读要各美其美，美美与共。

让教师形成订阅专业刊物的习惯

对教师来说，广泛阅读教育刊物是促进自身成长的有效路径。但从现阶段整体上来看，教师阅读教育刊物的情况不容乐观。每年九、十月份的报刊订阅季，很多媒体都会呼吁学校要多为教师订阅教育报刊，为教师提供亲近教育报刊的机会。其实，对教师而言，自己也要舍得为教育报刊买单。因为，每位教师都要对自己的成长负责。

在让教师亲近教育刊物上，仁爱中学坚持了"统分结合"的"两条腿走路"政策，坚持学校订阅和教师个人订阅的有机结合。

一方面，学校阅览室订阅了大量的教育刊物供教师阅读；另一方面，充分发挥专业刊物补贴制度的激励作用，鼓励教师多订阅教育刊物。

如何订阅教育刊物真的是个技术活，需要用心去关注。我曾听江苏南京某同行抱怨过，他所在的学校负责订阅刊物的教师对教育刊物一点都不懂，他想看的刊物基本上都没订，只好自己去邮局订阅。的确，学校为教师订了教育刊物和订了好的教育刊物，对教师成长的帮助是有很大差异的。所以，这个问题是需要引起学校关注的。自 2006 年开始，我就负责学校教育刊物的征订工作。

近几年，仁爱中学在引导教师亲近教育刊物上做得不错，多家媒体也介绍过学校的相关经验。《中国教育报》以《让教师乐为专业报刊"买单"》，《教育信息报》以《用好专业报刊　就有专业成长》，《教育时报》以《学校怎样订阅教育报刊》为题分别介绍过仁爱中学的做法。教育部主管、中国教育学会主办的《中小学数学》期刊以《让教育报刊促进教师专业成长》为题，用4000多字的篇幅，对仁爱中学数学组学用专业刊物的经验进行过介绍。

在阅览室的教育刊物订阅上，仁爱中学坚持这样两个原则。一是品种尽可能多，二是理论性强。价格贵的刊物，由学校来订阅。仁爱中学阅览室订阅了《中国教育报》《中国教师报》《浙江教育报》《教育时报》《德育报》《教育文摘周报》《人民教育》《中小学德育》，以及各学科的专业刊物近200种。此外，学校把了解到的优秀刊物，比如《福建教育·德育版》《今日教育》（重庆）等及时增订到阅览室。丰富教育刊物的品种主要出于两个目的：一是为教师的阅读创造便利，不同的刊物上都会有一些好的策划和好的文章；二是为教师投稿提供更多的途径。如2013年，学校阅览室增订了《教育研究与评论》。该期刊2013年第2期重点推出的封面文章《儿童研究：教师的"第一专业"》，对教师而言是很有启发意义的。这本刊物并不适合教师个人订阅，因此，学校阅览室在订阅刊物时要尽量丰富品种，多订阅各类好的教育刊物。

学校大力鼓励教师自费订阅专业刊物，教师订阅专业刊物，学校补贴一半，补贴上限也从最初的150元增加到200元。历任校长经常在全校教师大会上强调教师要多订阅教育刊物，多为自己充电。

另外，学校也积极引导教师从学科阅读走向开放阅读，把《教师博览》《教师月刊》等综合教育类刊物都纳入专业刊物的范畴，并向教师推荐优秀的综合教育类刊物。近年来，学校越来越多的教师已经走出了学科阅读的局限，走向开放阅读。到 2010 年前后，全校教师人均订阅综合教育类刊物近 1 份，而在 2006 年以前，全校每年只有几位教师订阅综合教育类刊物。可见，在短短的几年里，在学校的引导下，教师的阅读取向有了很大的改变。为了鼓励教师用好教育刊物，做到读写结合，学校还对在区级以上刊物发表文章或论文获奖的教师给予奖励。学校还扩大奖励范畴，把教育随笔、教学反思等都纳入教科研成果范畴，奖励标准视同同级论文。

学校还大力做好服务工作，教师们只要填写一张订阅单就可以了，学校在传达室为每位教师都准备了一个信箱，订阅的教育刊物由专人第一时间投放教师信箱。学校教科室还尽可能联系上教师订阅多的刊物的编辑，比如《教师博览》《教师月刊》《师道》《班主任之友》等，为教师投稿提供便利。

在仁爱中学，不少教师在学用专业刊物中加快了成长的进程。2006 年参加工作的谢小芸老师就是其中的一个典范。谢小芸在参加工作的第一年，就订阅了好几份教育刊物。作为思品（现更名为道德与法治）教师，她认真研读本学科的权威刊物《思想政治课教学》，用来指导自己的教学。在她的公开课上，教学设计总让人眼前一亮。在工作的前三年，她就在这份全国核心期刊上发表了两篇文章。她曾连续三年在本学科的教学比武中获得全区第一名，并通过严格选拔成为宁波市特级教师（名教师）带徒学员和宁波市"卓越工程"培养对象。目前，她已经成为所在教研组的组长，是区内具有一定影响力的教研"领头羊"。

  2013年的时候，我曾对仁爱中学九年来实施的专业刊物补贴制度进行分析，撰写的调研文章《教育专业报刊助力教师成长》发表在2013年12月20日的《浙江教育报》上。这个调查得出了三个结论：一是已经形成订阅专业刊物习惯的教师"痴心不改"；二是从不订阅专业刊物的教师"涛声依旧"；三是新入职的教师在订阅专业刊物上"开局良好"。对新入职的教师而言，走上工作岗位的时候就形成订阅专业刊物的习惯，会为他走上专业发展之路打下良好的基础。

  让教师乐于为教育刊物买单，为教师订阅教育刊物提供支持，鼓励教师学用教育刊物，这样，就可以让教师在亲近教育刊物的过程中开阔视野，读写结合，更好地促进自身的专业成长。

让每所学校都有教师阅读推广者

2016年8月,我被镇海区教育局调至镇海区教科所工作。到区教科所工作后,我向领导建议成立一个区域层面的教科研骨干读书会,以阅读为抓手,提高读书会成员的教育理论水平和教育科研素养,更好地推进区域教科研工作。

这个想法得到了领导的大力支持。于是,2016年9月,经前期报名,镇海区"研之乐"教科研骨干读书会就在全区的教科室负责人工作会议上成立了。

最初的设想是,读书会成员以教科室负责人为主,并吸收少量的教科研骨干参与。但是从报名的情况来看,有些学校年轻教师参与的热情比较高。于是我们适当调整了策略,决定读书会的成员主要由三部分人组成,分别是教科室负责人、中青年名优教师、优秀年轻教师。教科室负责人大多负责学校的教师培训工作,并负责课题管理,自身的阅读需求大。中青年名优教师在考核的时候有教科研方面的要求,优秀年轻教师成长热情高,他们的阅读需求也相对比较大。抓住这三部分具有较高阅读需求的群体,让他们率先读起来,能更好地带动区域内其他教师阅读。

由于区教科所跟全区的中小学、幼儿园都有业务联系，因此依托区教科所和区教育学会建立的"研之乐"读书会，在区域层面就有了推动教师阅读的健全的组织体系。中青年名优教师、优秀年轻教师在各校本来就发挥着先锋模范作用，因此，在推动教师阅读上，每所学校都有了组织者、示范者和先行者。通过这样的组织架构，在推动教师阅读这件事上，每所学校都有人做，进而愿意做、用心做、能做好。从三年多的实践来看，正是因为抓住了组织者这一关键，推动全区教师阅读的局面打开了。各校的教科室负责人首先扮演好了组织者的角色，也就是说在推动教师阅读上，各个学校都有人做。不过各个学校做得怎么样，跟教科室负责人对这件事的态度以及投入度有很大的关系。尽管整个区域在推动教师阅读上做得都很不错，但不同学校之间还是有一定的差异的。

我们把"研之乐"读书会这个读书团队也称为"教科团队"，因为这是我们重点打造的教育科研团队。教育科研骨干只有多阅读，才能提高教育科研的品质。因此，"研之乐"读书会把推动区域教师阅读和提高区域教育科研质量两个目标有机地结合起来了。

建立"研之乐"这个教科团队之后，我们首先在激发大家的阅读热情上下功夫。我们组织大家共读常生龙的《读书是教师最好的修行》、佐藤学的《教师花传书：专家型教师的成长》等书。

2017年3月，我们在举行《读书是教师最好的修行》读书分享会时，除了安排三位教师进行读书感悟分享，还特意安排了三家单位的教科室负责人介绍开展教师阅读的经验。这既是对做得好的单位的公开表扬，也能触动其他单位的教科室负责人，让他们思考自己学校应该如何更好地推动教师阅读。

另外，我们还组织教科室负责人共读《教育科研与教师成长》，让大家认识到阅读对教科研工作和教师成长的重要意义，让大家认识到抓阅读对推进教科研工作的重要性。当然，对教科室负责人的培养是一个持续的过程。我们还在2019年6月组织大家共读新出版的《教师微型课题研究指南（第二版）》，并在此基础上开展了"教科室主任角色定位与业务成长"专题论坛，让大家进一步感受自身在推动教师阅读上的使命和担当。

通过教科团队的打造，越来越多的成员能在所在学校的教师阅读推动方面，扮演好组织者、示范者和先行者的角色了。

在"研之乐"读书会成立之前，全区在浙江省教师读书征文评选活动中，仅有5家单位获得组织奖。而"研之乐"读书会成立后，发动全区中小学、幼儿园积极参加那一年的第十一届浙江省教师读书征文评选活动，全区11家单位获得组织奖。读书会成立的第三年，全区32家单位获得组织奖，占全省获组织奖单位的26.4%。这说明，当每一所学校在推动教师阅读这件事上都有人做、并且用心做好的时候，所迸发的能量是不可估量的。

在读书会成立之前，全区没有一位幼儿教师参加过浙江省教师读书征文评选活动，而在读书会成立的第三年，全区就有13家幼儿园在当年获得组织奖。全区的直属幼儿园和镇（街道）级的中心幼儿园都获得了组织奖，说明在推动教师阅读方面，镇海区做到了全面开花。

任何事情要做好，关键在人。推动教师阅读也一样，我们依托

"研之乐"读书会这一先锋团队,尤其是教科室负责人这一关键力量,让每所学校都有了教师阅读的推广者。不少单位的教科室负责人不仅扮演好了推动教师阅读的组织者的角色,还同时扮演好了示范者和先行者的角色。部分教科室负责人也在推动教师阅读中加快了成长的步伐,他们用自己的实际行动为阅读代言,让更多的教师感受到阅读的魅力。

在推动教师阅读这件事上,每所学校都有人做、愿意做、用心做,就真的能做好。因此,让每所学校都有教师阅读的推广者,这一点很重要。

"啃读挑战":让教师走出成长"舒适区"

客观地说,2018年发起"啃读挑战"活动只是一次无法预测结果的尝试。在"研之乐"读书会成立一年多后,读书会建设有了一定的起色。当时,我考虑的是如何开展一项长期性的读书活动,让"研之乐"读书会具有更强的黏合性,进一步推动全区教师的阅读。

2017年底,我在"研之乐"读书会的群里做了这样一个民意调查:如果每个月读1本书,每本书要写1000字以上的心得体会文章,这样的活动,大家愿意参加吗?没想到这个"绣球"抛出去之后,接的人还是挺多的,有不少教师愿意参加这样的自我磨炼。

在进行了初步的摸底之后,我心中有了底气。于是,我就策划了一个"啃读挑战"活动,明确要求参与者每个月读1本书,写1000字以上的心得体会文章。这12本书,6本为共读书,6本为自选书。参与者每两个月交一次作业,即1本共读书和1本自选书的心得。为了避免大家"半途而废",我还要求参与者在承诺书上签名,强化自己的责任感。承诺书上主要有两项承诺:一是及时提交作业,若不及时提交作业视同自动退出,三年内不得参加同类活动;二是若有抄袭等学术不端行为,则在读书会内部通报,并告知所在单位领导。参与者要把承诺书打印出来，亲笔签名，然后再拍照上传。这种自我承诺的行为，把参与者应付了事的漏洞给堵住了，必须保证作业及时交，不能随便下载应付。尽管这样的条件很苛刻，但是全区还是有80位教师"自讨苦吃"，参与了这项以成长为名义的"啃读挑战"活动。

作为"啃读挑战"活动的发起者，我把常生龙的《让教育更明亮》作为首本共读书。此后，又先后推荐了成尚荣的《最高目的》、叶圣陶的《如果我当教师》、冯友兰的《中国哲学简史》、钟启泉的《课堂转型》、孙孔懿的《苏霍姆林斯基教育学说》5本共读书。客观地说，这6本共读书，作者都是非常有影响力的，但好几本书都非常难读，要真正读懂，并不容易。如果教师一年内好好读了这6本书，必然能有很大的长进。

2018年底，在77位参与的教师中，最终有70人完成了"啃读挑战"，除了提交12篇读书心得体会文章，每人还上交了一篇1000字以上的年度啃读小结。从大家交上来的小结来看，不少教师认为在2018年完成12本书的阅读，每本书完成1000字以上的心得体会文章，是2018年最值得称道的事。有教师提到，自己原先也没想到能坚持下来，毕竟此前很少有完整读完一本书的经历。

"经过一年的'啃读'活动，我兑现了自己当初签订的那份'保证书'上的承诺，也真正喜欢上了阅读，更从阅读中感受到了教师职业的存在感和幸福感。阅读，是我职业道路上的一盏明灯，更是我要继续坚持的方向。"这是我从溆浦镇中心幼儿园陈丹丹老师的啃读小结中看到的一段文字。

2019年，全区共有196人参加了"啃读挑战"活动，其中有37人连续两年参加。2019年有效参与的人数为181人,其中12人未能完成任务,另有2人采用"编外跟读"的方式达到标准。

"啃读挑战"活动,无论对于组织者还是参与者,都值得思考。对我来说,是成功地尝试了一种推动教师阅读的方式;对参与者来说,则是在活动中激发了自己的阅读热情,进一步培养了阅读兴趣。

"啃读挑战",首先是自愿参与。试想,如果学校硬性规定让每一位教师都这么做,肯定会导致很多教师牢骚满腹。

"啃读挑战",全年读12本书,每本书写1000字以上的心得体会文章。从表面上看,这样的要求并不高。但根据调查,全国成年国民一年读10本以上纸质图书的仅有10%,而且很多调查也显示教师的阅读状况并不比其他群体好很多。

不过,这样的活动既要有挑战要求,也要有底线要求,且底线要求要低一点,不然会让人感觉目标太远无法实现而不敢尝试。当然,在实践中,我们也提出,每位参与者每年要写2—3篇代表作。这样,活动就有底线要求,也有一定的目标追求了。在2018年的"啃读挑战"中,有好几位参与者在浙江省教师读书征文评选活动中获得一等奖。

一个人要走出自己的"舒适区"是比较困难的。一旦走出自己的"舒适区",进入学习区之后,就会看到不一样的自己。很多人把"没有空读书"作为远离阅读的借口,这只是托词而已。如果一个人真正把阅读作为自己的生活方式,是无须刻意安排自己的读书时间的。

教师不仅要读起来,还要形成合理的阅读结构。从很多的调查来看,教师在阅读上不仅存在着阅读量的不足,还存在着阅读品质不佳的现象。

参加"啃读挑战"的很多教师表示,以前很少读专业图书,而且往往读不下去。但在"啃读挑战"过程中,每人至少读了5—6本专业图书。不少教师也因此感受到,原来教育专业图书还是挺有意义的,自己在阅读过程中收获了很多。

教师的阅读需要唤醒,参与"啃读挑战"活动就是一次很好的唤醒。可以说,2018年的"啃读挑战"活动是成功的。2019年的"啃读挑战"在规则上进行了微调,采用"共读+限选+自选"的方式,让教师有更多的选择权。考虑到共读书比较难选,而参与活动的教师涵盖从幼儿园到高中各学段,因此,减少共读书的数量,采用限定选读的方式,让教师自行选择"啃读"有一定难度的教育经典。其中,限选书推荐了20本经典著作,包括《教育的目的》《民主主义与教育》《童年的秘密》等,让不同学段的教师有更多的选择。

2019年4月22日,《中国教育报·读书周刊》刊发了朱永新教授的《阅读,是教师专业化的根本路径》一文,很发人深省。文中指出,教师专业化程度不高,与教师相对缺少高品质的专业阅读、缺少对于教师职业和学科本质的把握有关。

对教师的专业发展而言,长时间的专业阅读是非常有必要的。正是因为现阶段不少教师都缺乏专业阅读,才导致教师专业化程度不高。可见,教师要走上专业阅读之路,必须从"舒适区"中走出来。

教师在阅读上走出成长"舒适区",要有"自觉+"的意识。有了自觉的意识,加上团队的助力,再加上外在的激励,才能让自己在专业阅读上越走越远。"啃读挑战"就是这样的有益尝试。

牵手作者开展"浸润式"阅读

前些年在仁爱中学时,我就在牵手图书作者来更好地促进教师阅读方面做了不少功课。比如,邀请闫学老师来校讲座,给全校教师发一本她的《教育阅读的爱与怕》,后来还把她的《给教师的阅读建议》纳入暑期教师阅读推荐书目。我曾把郑英的《班主任,可以做得这么有滋味》纳入暑期教师阅读推荐书目,第二年暑期师德学习期间邀请郑英来讲座,并再次把这本书纳入暑期教师阅读的二次选书范围,不少教师听了她的讲座后又开始读她的书。

我们还联合区内学校共读吴志翔的《我们热爱怎样的教育》,并与他进行在线交流。我们也联合区内外学校,共读教育学者姜广平的《我抓住了两个世界》,并进行在线交流。

这种充分开发作者阅读资源的做法,让大家有了读书外的收获,更有阅读热情。于是,"研之乐"读书会也在开发作者资源上下了很大的功夫。从某种程度来说,牵手作者的阅读有种"浸润式"阅读的味道。

2018年1月,"研之乐"读书会把常生龙先生的新著《让教育更明亮》一书作为"啃读挑战"的第一本共读书。在参与"啃读挑战"活动的老师提交了《让教育更明亮》一书的读书心得体会后，读书会邀请作者常生龙老师评选出优秀读书心得体会，他还给每一位获奖者写了一张个性化的书签作为奖品。个性化的书签让大家觉得很珍贵，纷纷在朋友圈晒出自己的专属奖品。常生龙老师也把读书会成员的优秀读书心得体会发布在他的博客，老师们看到自己的读书心得体会在作者的博客发布，都挺开心的。

2018年寒假教师读书征文比赛，在读书会推荐的优秀书目中，选沈丽新的《让学生看见你的爱》一书的教师很多。其中，澥浦中学还给全校教师人手一本发了这本书。因此，读书会邀请沈丽新老师到镇海来讲座，并把讲座安排在澥浦中学。澥浦中学把承办这次活动作为2018年度"学校十件大事"之一。沈丽新老师的讲座带给大家很多思考，不少教师在写作中经常引用沈丽新老师的话。

2019年10月15日，读书会结合天津中学吴奇老师的新著《阅读照亮教育人生》，举行了以"寻找读写结合的真谛"为主题的小型读书分享会。我们邀请该书的作者吴奇老师加入微信群，在线上与大家进行交流。作者在线上看到读书分享会的实况，在群里与大家互动，让大家觉得很亲切。

2019年"啃读挑战"的第三本共读书是郑英老师新出版的《教育，向美而生》。我向郑英发出了邀请，她愉快地答应了，于是就有了《教育，向美而生》读者分享会暨作者现场报告会。大家在读了郑英的书后，写了这本书的读书心得体会，在听了同行们阅读此书的感悟，又听了作者郑英的精彩讲座后，自然就更有收获了。

郑英的《教育，向美而生》分享会暨作者现场报告会还产生了许多美好的故事。有一位农村小学的年轻教师朱丽娜,工作后买的第一本书就是郑英的《班主任,可以做得这么有滋味》。这本书坚定了她做班主任的信念,并强化了她的职业认同。五年后,朱丽娜读到郑英的《教育,向美而生》,自然非常有感触,用心写了读书心得体会。她的这篇读书心得体会文章在全区暑假教师读书征文比赛中获得了一等奖。于是,我安排她在读书分享会上做主题分享。后来,我从她所在学校校长那里得知,朱丽娜是一位非常优秀的年轻教师。当她得知要在郑英面前做分享的时候,激动得一个晚上没睡好。在当天的活动上,郑英为她颁奖并送上了《班主任,可以做得这么有滋味》的第二版。她非常认真地聆听了郑英的现场讲座,还特意留下来和自己心目中的偶像合影留念。

一位新教师在读了郑英的书后坚定了做班主任的信念,五年后又读到郑英的新作,并有机会在作者面前分享阅读心得并聆听讲座,这样的经历说起来颇有戏剧性,但在现实中却发生了。这样的一次偶遇,对于激发朱丽娜这位年轻教师的成长热情,肯定会有很大的作用。同样,因为听了郑英的讲座,大家再去读《教育,向美而生》和《班主任,可以做得这么有滋味》,自然别有一番风味。

2020年1月,我们把《中国教育报》资深编辑张贵勇的《学生眼中的好教育》作为"啃读挑战"活动的第一本共读书,让教师从学生视角来理解教育。我们还邀请作者张贵勇来镇海讲座。以前,有些教师读过张贵勇的《读书成就名师——12位杰出教师的故事》《给孩子的童年书》等著作。为吸引更多教师阅读《学生眼中的好教育》,我们把这本书纳入2020年寒假教师读书征文比赛的推荐书目。

按照原先的安排，我们打算邀请张贵勇来镇海讲座，和教师面对面交流。但突如其来的新冠肺炎疫情导致这样的预设无法变为现实。于是，我们做了变通，把原先线下的作者讲座暨读书分享会转移到线上。我们专门建立了微信群，邀请作者张贵勇入群为大家"云伴读"。教师们还写了阅读《学生眼中的好教育》一书的读书心得体会，由作者张贵勇评选出若干优秀读书心得体会。2020年4月初，我们举行了以"追寻好教育，不妨听听学生的心声"为主题的线上读书分享会，除了教师进行分享，作者张贵勇还逐条点评了这些教师写的读书心得体会。张贵勇曾担任《中国教育报·读书周刊》的编辑，他的点评让大家对如何写好读书心得体会有了更清楚的认识，大家都觉得受益匪浅。

当然，和作者的交流并不局限于面对面的交流。我们在确定共读一本书后，如果能联系上作者，就会邀请作者加入微信交流群，和作者进行在线交流。我们在共读《让教育更明亮》和《让学生看见你的爱》等书时，就邀请作者入群，和大家一起分享。

在阅读的过程中，借助作者的力量可以让阅读活动更精彩。当然，要想每读一本书都跟作者有亲密接触并不可能，但在一定周期内，有意识地选择一本或者几本书，让阅读因作者的参与而更精彩，还是可以做到的。

借力译者"啃读"国外教育著作

中小学教师在专业阅读的过程中，难免会碰到不少国外的教育著作。新阅读研究所研制的"中国中小学教师基础阅读书目"，采用兼收并蓄的方式，中外教育著作大概是4∶6的比例。客观地说，不少国外的教育著作并不好读，我们常说的苏霍姆林斯基的《给教师的建议》算是比较容易读的。在有些学者看来比较简单的怀特海的《教育的目的》，也有不少中小学教师说很难读懂，这跟他们在这方面的阅读积累少有很大的关系。但是，对教师的专业成长而言，适当"啃"上几本国外的教育著作是很有必要的。

两年前，我在宁波书城看到中国轻工业出版社出版的杜威的《民主主义与教育》，译者是我认识的宁波大学教师教育学院的教授陶志琼博士。《民主主义与教育》我以前曾经读过，我读的版本的译者是几年前去世的浙江大学的王承绪教授。《民主主义与教育》属于"中国中小学教师基础阅读书目"30本基础类书目中的专业发展类图书，是一本经典教育著作。我听不少中小学教师说起过，这本书不好读。如果没有一定的教育理论基础打底，是很难"啃"下去的。魏智渊在《教师阅读地图》一书中，把教师专业阅读的书籍按难易程度分成五类，这本书被排在第四类，仅次于包括一切哲学大师作品的哲学类书籍。

我觉得这一类的书，如果能借助译者之力来促进教师阅读的话，不失为一种理想的选择。刚巧 2019 年是杜威访华 100 周年。于是，我想在陶志琼教授的伴读下，让读书会的成员来"啃一啃"《民主主义与教育》这块"硬骨头"。于是，我跟陶志琼教授联系了一下，谈了自己大致的想法，她很支持我。考虑到这本书的确难读，不宜采用一刀切的方式要求教师参加，我采用了自主报名的方式，如果报名人数达到 20 人，就组团共读这本书，并邀请陶志琼教授指导。没想到，不到两天，全区报名人数就超过了 20 人。于是，我就组建了微信群，并邀请陶志琼教授加入，她欣然地加入了共读群。我们把这个群取名为"跟教育学教授一起读教育名著"。

有了 20 多人的共读小组打底，我们进一步吸引了更多的教师来阅读这本书。我们把这本书纳入 2019 年暑假教师读书征文比赛的推荐书目。考虑到杜威和陶行知的师承关系，我们把这本书的分享会安排在浙江省陶行知实验学校九龙湖中心学校举行。九龙湖中心学校的领导非常支持，他们也借这个契机在暑假前给全校教师人手发了一本《民主主义与教育》。

考虑到这本书需要花一定的时间"啃读"，我们给大家留足了时间，让大家能静下心来多读读。

2019 年 12 月 10 日，《民主主义与教育》读书分享会暨译者陶志琼教授现场报告会在九龙湖中心学校举行。九龙湖中心学校施春芳校长致欢迎辞并分享了自己阅读这本书的心得感悟。此外，来自中学、小学和幼儿园的三位教师,结合自身的实践,从班级管理、学科教学、教育理论学习等方面分享了自己的感悟。陶志琼教授也安排自己的三位研究生分享了阅读这本书的感悟。三位教师和三位研究生的分享,让大家切实感受到了一线教育者和研究生在阅读方面的不同,前者重在理论联系实际,后者重在理论上的逻辑自洽。

陶志琼教授结合这本书的翻译,对杜威的教育思想进行了深入浅出的解读,让大家对杜威和这本书有了更深刻的理解,也树立了今后"啃读"这一类书的信心。"这本书,我至少要读20遍",陶志琼教授现场展示她读过的《民主主义与教育》,上面做满了各类记号,给大家留下了非常深刻的印象,也让大家更好地理解了经典常读常新的魅力。

我觉得这样的译者现场报告会,其价值不仅仅是就一本书的导读,更重要的是带给大家"啃读"国外教育著作的信心和勇气,可以从一本书走向更多的书。

刚巧陶志琼教授还翻译过柏拉图的《理想国》,于是,我们又和陶志琼教授一起开始了共读《理想国》之旅。考虑到《理想国》比较难读,我们不急着把这本书读完。我们把这本书作为2020年度"啃读挑战"活动的第二本共读书,并初定在2020年下半年请陶志琼教授来做一次现场分享。其间,我们将在群里进行不定期的分享,并请陶志琼教授进行现场评点。《理想国》是共读书之一,参加"啃读挑战"活动的老师可以自由选择是否参加分享会。我们也另外组织了十多人的共读小组,一起来"啃读"这本书。

说实话,《理想国》我早就买过,但一直没有认真读完。借这个契机,我下决心把这本书读完。

在阅读国外教育著作的过程中,借助译者来助推阅读,不失为一个好的策略。我们在读杜威的《民主主义与教育》和柏拉图的《理想国》的过程中,就借用了译者的力量,激发了大家阅读难读之书的信心。不少教师通过这两本书的"啃读",对教育经典理论著作不再怵了,也有信心阅读更多的教育经典著作。

《民主主义与教育》《理想国》和《爱弥儿》被称为西方三大经典教育著作。在陶志琼教授的伴读下,我们读了前两本。于是,我们有了阅读《爱弥儿》的信心。我们把《爱弥儿》纳入推荐书目,以期让更多教师实现读完这三本西方经典教育著作的目标。

学者助读让读书分享会更有魅力

举行读书分享会的时候，顺道邀请学者讲学，是提高读书分享会"含金量"和吸引力的一个重要因素。如果学者的研究方向和书的内容有一定关联，针对性自然就更强了。在这一点上，"研之乐"读书会在开展读书分享会的时候，进行过尝试，效果很不错。

2017年3月，我在2017年的《人民教育》上读到《从"名师打造"到同僚性研修》一文。说实话，这篇文章的标题很吸引人，因为名师是否能被打造是一个很有争议的话题。后来我仔细一看，这篇文章的作者是我认识的浙江省教科规划办的沈佳乐，于是这篇文章读起来就更有味道了。在阅读这篇文章的过程中，我发现她的表述很有佐藤学的味道。第二天，我就在微信上联系了她，得知她对佐藤学教授很有研究。

当时"研之乐"读书会在共读佐藤学教授的《教师花传书：专家型教师的成长》。我觉得邀请沈佳乐来参加读书分享会是一个很不错的选择。她是比我低两届的系友，我们本来就熟悉，于是我一发出邀请，她就答应了。

2017年5月，在"研之乐"读书会举行的《教师花传书：专家型教师的成长》读书分享会上，在几位老师分享了读这本书的感悟后，沈佳乐结合自己多年来对佐藤学教授的研究，介绍了佐藤学教授常年进入中小学现场开展研究的感人故事，并介绍了自己在践行佐藤学相关理论时的收获。沈佳乐的分享，让大家感受到书本以外的精彩和学者助读的力量。

2017年12月，在第十二届浙江省教师读书征文评选活动中，全区有三位教师写了阅读这本书的心得体会并获得了一等奖。其中，仁爱中学施琼洁撰写的《一路向暖，静待"花"开》作为第十二届浙江省教师读书征文评选活动一等奖作品，成为该校在《浙江教育报》刊登的第一篇文章。

2018年11月，"研之乐"读书会举行钟启泉教授的《课堂转型》一书分享会的时候，原本想邀请钟启泉教授的博士生、浙江大学教育学院的屠莉娅来分享。因为此前不久，她刚刚在《中国教育报》刊发了评论钟启泉教授"课堂研究三部曲"的《建构课堂世界的想象与行动》一文。后来她虽然实在没办法来现场，但专门给那次读书分享会写了自己的一段感悟。

她主要分享了以下三个观点。

一是课堂转型虽然发生在具体的课堂与学校之中，但一定是为了更宏观的教育生态与社会现实的改造而存在的。

课堂转型不是微观事件，而是潜移默化地转化教育不良生态的星星之火，任何对考选主导和应试主导现实心怀焦虑的教育人都要重新从课堂的变革起步带动制度与生态的变革，不可小觑课堂的力量。

二是课堂是教师发展职业生命力、活力和创造力的重要空间。

教师职业已经处于一个危机的时代,教师要想具有不可替代性和专业性,不能再是按部就班和任务驱动,而是要对课程、课堂和学生进行研究。教师只有成为持续的学习者、研究者和富有创造力的问题解决者,教育才能真正促成师生的共同成长,因为教育的根本目的在于人的经验的不断再造,这对教师同样适用。

三是学习者真正需要学习经验的再造。

很多学习者在学习过程中长时间经历着重复、刻板、无意义的学习,磨灭了学习的内在动机与惊奇感。课堂转型的意义就在于真正理解学习的本质,基于学习者的经验设计课程与学习活动,让学习者能迁移、能交往、能解决问题,不断创造自己的认知图景和完整的生活经验。不仅是认知,更有一个完整的成人的经验,这就必须改变知识授受、考试甄选和竞争主义的学习样式,让不同的学习者体验学习的成就感,提升学习兴趣,这必须依靠课堂转型。

当时,我把屠莉娅博士的三点感悟在 PPT 上展示,作为不在场的学者对本次读书分享会的一个回应。

2019 年 4 月,"研之乐"读书会结合《教学勇气》一书的阅读,面向全区教育系统青年教师开展了"共读教育经典,增强职业认同"主题征文比赛。一次偶然的机会,我得知宁波大学教师教育学院副教授汪明帅博士多年来致力于对美国"国家年度教师"的研究,对《教学勇气》一书有深入的了解。于是在安排教师进行读书分享的同时,我邀请汪明帅博士从专业角度对这本书进行了解读。通过学者专业的解读,大家对教学勇气、职业认同等有了更深刻的理解,对这本书也有了更深刻的感悟。

2020年,"研之乐"读书会推荐阅读石中英教授的《穿越教育概念的丛林》。我们邀请了宁波大学教师教育学院副教授梁明月博士,希望她结合这本书来聊聊一线教师如何阅读教育理论书籍。

2020年,"研之乐"读书会结合北京市海淀区培养教育科研"种子教师"项目成果——《行走在教师身边的科研》一书的阅读,邀请宁波市教科所教育学博士李丽来给大家讲解一线教师如何做教科研。

受新冠肺炎疫情的影响,这两位学者的讲座无法按预定计划在线下进行。于是,我们邀请两位学者加入微信群为大家"云伴读"。同时,我们做了两手准备:若条件允许了,则进行线下讲座;若条件不允许,则采用视频会议的方式进行线上讲座。

结合相关书籍的阅读,邀请高校和教育科研机构的学者为中小学教师开设讲座,有了具体的指向,讲座内容会更加聚焦,也会让讲座更接地气。这样的方式也可以帮助中小学教师在阅读中有更多的收获。

有意识地借助学者的力量,让教师们读得更有收获,"研之乐"读书会在实践中探索出了一条路子。

编辑亦是推动教师阅读的外援

在促进教师阅读和写作的外在力量中,编辑是一个重要的力量。这里的编辑主要分为两类,一类是图书编辑,还有一类是教育刊物编辑。最近几年,在推动教师阅读的过程中,我感受到用好这两类编辑的力量,可以进一步激发教师阅读的热情,提高教师阅读的质量和写作水平。

在让图书发挥更大的作用方面,图书编辑和读者是有共同追求的,是同盟军。因此,我们在推动教师阅读的过程中,可以借助图书编辑的力量,让我们读的书发挥更大的价值。

在助力教师阅读方面,图书编辑可以起到多方面的作用。一方面,编辑对书的内容有着深刻的认识,可以帮助教师更好地理解一本书的使命。另一方面,编辑和作者有着较好的合作关系,可以帮忙联系作者。

2017年暑假期间,"研之乐"读书会和宁波出版社学而书坊联手开展了小型的共读活动。那次共读活动由读书会成员自主报名参加,书由宁波出版社赠送。作为组织方,我们要求每一位参与者都认真写一篇读书心得体会。暑假里,参与活动的10多位教师认真阅读了《简明生本学习策略》一书,并认真撰写了读书心得体会。在 9 月初举行的读书分享会上,该书的责任编辑陈静也参加了分享会。她从编辑的角度介绍了这本书的使命和价值所在,让大家对如何更好地理解这本书、用好这本书有了进一步的认识。

在分享会上,刘侃飞老师的发言获得大家好评,并得到了编辑的充分肯定。分享会结束后,刘侃飞老师对原先写的读书心得体会进行了修改,后来他的文章在第十二届浙江省教师读书征文评选活动中获得一等奖。

当时我们共读这本书,借助编辑的力量第一时间拿到了书,真的可以称得上是"先读为快"了。那次小型共读活动的成功开展,让我们认识到了借助图书编辑的力量,可以更好地开展读书活动。

2018 年 11 月,我们在举行《课堂转型》一书分享会的时候,通过该书的责任编辑联系了钟启泉教授。钟教授为那次读书分享会专门写了一段祝福语:"教师要成为一把火,过一种有热情、有温度、有影响力的教育生活。而点燃这把火,要有'火种',更要有'燃料'。在这一点上,读书和伙伴间的分享无疑是非常重要的。前者让教师有了点燃这把火的可能,后者则能让这把火烧得更旺盛、更持久。因此,我非常欣赏宁波市镇海区的老师们进行的读书分享活动。倾听来自学者、同伴和学生的声音,就像接过他们手中的火种,汲取并传递这些星星之火的力量,让'一把火'最终烧出燎原之势!祝贺此次活动圆满成功!"当时,我们还把这段话在那次读书分享会的宣传展板上展示。

"研之乐"读书会成立之后,我们先后共读过国家督学成尚荣先生的《最高目的》和《儿童立场》。2019年,宁波市教育系统第七届读书节把《儿童立场》作为推荐书目。宁波市教育局想邀请成尚荣先生来宁波讲学,我们也是通过图书编辑联系了成尚荣先生,促成了成尚荣先生来宁波讲学。在讲座现场,我终于第一次见到了被誉为"学术男神"的成尚荣先生,在现场听了他的讲座。近80岁高龄的成老先生,不仅全程脱稿,而且一些诗歌、典故都能脱口而出,让人非常震撼。

2020年,我们把清华大学教育研究院院长、教育学博导石中英教授的《穿越教育概念的丛林》一书作为"啃读挑战"的共读书目,也作为镇海区教科研骨干阅读素养提升培训班的共读书,还将其纳入2020年全区寒假教师读书征文比赛的推荐书目。最初,我们并没有奢望过请这位教育理论界的"大咖"与大家互动,毕竟石中英教授太有名了。后来,因受新冠肺炎疫情的影响,我们有了与专家线上交流的成功尝试。我们先联系了该书的编辑张玉荣,告诉她我们正在开展的活动,并试探性地问了下有没有可能和石中英教授进行线上交流。在张玉荣编辑的牵线下,石中英教授答应和镇海区的教师进行"云交流"。于是我们借助这次机会,面向全区教师,开展了"品读名家著作,提升理论素养"主题读书征文比赛,吸引更多的教师来读《穿越教育概念的丛林》这本专门写给中小学校长、教师的教育理论著作,进一步激发教师学习教育理论的兴趣。

从教师的阅读转化力来说,把阅读所得固化成文字并能公开发表是非常重要的。在这里,教育刊物编辑就是助推教师阅读力提升的一种很重要的力量。当然,教育刊物本身也是教师阅读的一个重要内容，通过跟编辑交流和沟通，可以更好地了解一份刊物。另一方面，不同的刊物有不同的用稿要求，通过编辑的解读，可以提高投稿的"命中率"。

我们曾邀请《浙江教育报》的资深编辑池沙洲来为大家"传经送宝"。就我本人而言，在教育写作过程中，得到过池沙洲编辑很多指点，收获很多。因此，我觉得他的讲座能带给大家很多启发。在一次讲座中，他结合具体文章，就教育叙事、教育反思、教学论文等不同文体的文章进行了详细的解读，引导大家写好不同文体的文章。他在讲座中提到的"三篇文章"被很多教师在写作中引用。所谓"三篇文章"，即有一篇随时能上交的文章，有一篇正在修改中的文章，还有一篇在电脑中构思的文章。试想，如果一位教师有了这种"三篇文章"的意识，自然不会为缺文章发愁了。

在一次"教育报刊投稿的策略和技巧"的讲座中，他结合几篇版面上刊发的文章和不能刊发的文章，让大家意识到"学生立场"在教育写作中的重要意义。教师的教育写作不是为了打动自己，而是要体现教育意识和价值追求。

在借助编辑的力量促进教师阅读和写作方面，我们只是进行了初步的尝试，但也取得了一定的成效。善用编辑力量来促进教师的阅读和写作，是借用"外脑智慧"的一种有效方式。如有可能，也可以在网上进行交流和沟通。与借用作者、学者的外力相比，借用编辑的力量相对不容易些，在现实中也更少一些。如何更好地借助编辑的力量来促进教师的阅读和写作，我们也会在今后的实践中进一步探索。

让读书分享会走进更多学校

"研之乐"读书会2016年9月成立后,把《读书是教师最好的修行》作为第一本共读书,并于2017年3月举行了读书分享会,取得了很不错的效果。当时,读书分享会是在教师进修学校内举行的。2017年5月,佐藤学教授的《教师花传书:专家型教师的成长》一书的读书分享会在仁爱中学举行,这是区级读书分享会进学校的尝试。那次读书分享会,承办方非常重视,效果自然很不错。

把区级层面的读书分享会交给学校承办,可以进一步在承办学校营造浓郁的教师阅读氛围,也可以借助领导致辞等途径传授承办学校在书香校园建设方面的经验。这样,通过一次次区级读书分享会"下沉"到基层学校,既扩大了区级读书分享会的影响力,又影响了更多学校的更多教师。

于是,2018年"研之乐"读书会举行"啃读挑战"活动相关读书分享会的时候,就让区内不同层面的学校来承办,让"啃读挑战"活动影响更多的教师。

受镇海区教育局的委托,镇海区教育系统2018年读书节的教师读书活动由"研之乐"读书会负责落实。因此,2018年"啃读挑战"活动相关读书分享会以区教育系统读书节各类专场活动的形式进行。

2018年4月,《让教育更明亮》一书的读书分享会和镇海区教育系统2018年读书节的开幕式结合在一起,由新办不久的尚志中学来承办。该次分享会表彰了在浙江教育在线第四届"我的教育理想"读书征文比赛中获奖的单位和教师,并对《让教育更明亮》一书的优秀读书心得体会的获得者进行了表彰。活动中,三位优秀读书心得体会的作者进行了主题分享,浙江教育报刊总社数字媒体中心主任杨志刚等三人进行了阅读方面的"微论坛"。由于该次读书分享会和区教育系统读书节开幕式结合在一起,全区中小学、幼儿园的业务校长(园长)和教科室负责人均参加了。这样的读书分享会也是全区教育系统教师阅读活动现场推进会。

2018年5月,《最高目的》一书的读书分享会暨《让学生看见你的爱》作者现场报告会以区教育系统读书节德育专场的形式在澥浦中学举行。分享会上,三位教师分享了阅读《最高目的》一书的心得体会。《让学生看见你的爱》一书的作者沈丽新做了专题讲座。该次活动把德育理论著作的分享和德育实践著作的解读很好地结合起来,把"上接天线"和"下接地气"很好地结合起来,取得了较好的效果。

2018年暑假前,我们结合2018年"啃读挑战"第三本共读书叶圣陶先生的《如果我当教师》,面向全区教师开展"品读名家教育经典,争做新时代好老师"专题征文比赛。在教师节前夕,我们在宝山幼儿园举行了区教育系统读书节教师节专场暨"品读名家教育经典,争做新时代好老师"专题论坛。在论坛现场,我们公开表彰了在该次征文比赛中获得一等奖的教师,并安排六位不同学段的教师现场分享。

2018年11月,我们结合"啃读挑战"的第五本共读书《课堂转型》,和仁爱中学的课堂转型实践结合,开展区教育系统读书节课堂教学专场暨《课堂转型》读书分享会。活动中,仁爱中学开设了语文、数学、英语各一节课堂转型研讨课,参与活动的全区100余位教师根据自己的兴趣任选其中一节课,在听课的基础上集中参与《课堂转型》一书的分享会。在分享会上,仁爱中学三位授课教师谈了各自的教学设计和对课堂转型的理解,三门学科的区教研员进行了简要的点评。不少与会教师表示,该次活动"干货"满满,通过读课、读书、读人三结合,对今后如何走出阅读"舒适区",把阅读和日常的教育教学工作结合起来,有了更深刻的感悟。

2018年"啃读挑战"的第六本共读书是当时最新出版的《苏霍姆林斯基教育学说》。苏霍姆林斯基非常重视对教师的研究,因此我们把这本书的读书分享会放在教科研特色学校精英小学举行。2018年12月,区教育系统读书节教科研专场暨《苏霍姆林斯基教育学说》读书分享会在精英小学举行,三位教师进行了主题分享,精英小学教科室负责人做了教科研经验介绍。另外,精英小学还把近五年获得的四项宁波市教科研成果一等奖的课题材料供大家观摩。该次读书分享会把所读书的内容和承办校的特色结合起来,可以说是理论和实践的完美结合。

2018年的"啃读挑战",我们走进了五所学校(幼儿园),举行了五次大型的读书分享会,有18人做了主题分享,超过600人参与了读书分享会。镇海电视台《正在看》栏目4次拍摄报道并在微信公众号以视频+图文的形式推送,镇海区教育局微信公众号对每次读书分享会都进行了相关推送和报道。通过让大型读书分享会走进不同的学校并放大其辐射效应，进一步激发了更多教师的阅读热情。

2019年"啃读挑战"的大型读书分享会，也先后走进古塘初级中学、仁爱中学、瀣浦镇中心幼儿园、炼化小学、中兴中学、九龙湖中心学校等6所学校，把教师主题分享和作者、学者等专家讲座结合起来，进一步营造了区域浓郁的读书氛围。此外，我们还结合相关图书的阅读，开展了三次小型读书分享会。

两年的实践证明，让读书分享会走进更多学校的做法是可行的。2020年上半年"啃读挑战"要举行的三次大型读书分享会，2020年1月就落实了承办的学校。不过，受新冠肺炎疫情的影响，2020年上半年无法举行大型的线下读书分享会，相关读书分享活动转到线上进行。但从各个学校承办大型读书分享会的积极性来看，这样的做法还是挺靠谱的。

推动教师阅读要增加教师的获得感

常言道，罗马不是一天建成的。这句话用在阅读上也很贴切。我们可以这么说，阅读虽好，但收效并不是很快。

也正是因为阅读的收效不快，一时的付出没有即时的回馈，因此，在今天这样一个快节奏的时代，需要久久为功的阅读，就被很多人选择性地忽略了。当然，这其中也不乏教师。在教师的专业阅读上，教师在教参和教辅上多下点功夫，短时的成效远比"啃读"一些教育著作要好得多。这也是现实中有些教师很少进行真正的专业阅读的缘故。

我们不得不接受这样一个现实，那就是让一个没有阅读习惯的成人爱上阅读非常困难。因此，我们不得不承认，推动教师阅读比推动学生阅读难度要大很多。教师群体中已形成良好阅读习惯的教师，在阅读方面不需要刻意推动，只要在形成合理的阅读结构方面适当加以引领即可。在推动教师阅读上，更重要的是让原先不怎么阅读的教师读起来，让阅读量少的教师适当增加阅读量。在这个基础上，让原先已形成阅读习惯的教师进一步提高阅读的品质，形成合理的阅读结构。

党中央多次强调让人民群众有更多获得感。因此，让教师在阅读上有获得感是推动教师阅读必须关注的现实问题。阅读对教师很重要，但如果阅读不被教师真正内化为自身的需求，那只能是写在纸上的说法和别人嘴里的口号。这就像很多教育理论一样，教师在多种场合听到或看到，但如果没有被自己真正吸收，也只是他人的理论，不会影响自身的教育实践行为。

要让教师感到阅读真正对自己有用，这样才能增强他们在阅读上的获得感。而阅读在促进教师成长上恰恰又不是立竿见影的，当下的时代又比较浮躁，并不是每位教师都有"板凳要坐十年冷"的勇气和耐心。如果做一件事迟迟看不到反馈和回报，很多人就会失去热情，这也是一种理性的选择。按照高效能人士的做事准则，阅读属于重要而不紧急的事，这样的事需要平常多花时间。现实中，重要而不紧急的事，往往被很多人忽视，阅读就是如此。要让阅读真正发挥作用，就要做到通常所说的，日拱一卒，功不唐捐。

因此，在推动教师阅读上，多增加一些反馈，让教师在阅读中能多体验一些小确幸，这对激发教师的阅读热情是很有好处的。鼓励教师读写结合，为教师的读书心得体会文章提供参赛获奖的平台尤为重要。

最初，"研之乐"读书会依托镇海区教科所和镇海区教育学会，在每年寒假组织区级教师读书征文比赛。由于每年10月份浙江教育报刊总社会组织浙江省教师读书征文评选，所以暑假就不再组织区级比赛，而是精心组织全区教师参加省级比赛。正是因为教师们在各级读书征文比赛中获奖，不少教师读书的积极性被激发起来了。

由于2019年浙江省教师读书征文评选活动因故暂停，我们组织了暑假教师读书征文比赛，推荐书目主要为宁波市教育系统第七届读书节教师阅读推荐书目和浙江教育在线第六届"我的教育故事"教师读书征文比赛推荐书目，让教师们在参加区级比赛的同时能参加省、市级的比赛。2019年暑假教师读书征文比赛，全区参加人数超过560人。在2019年12月公布的宁波市教育系统第七届读书节教师读书征文比赛中，全市共有62篇征文获奖，镇海区共有29篇征文获奖，占全市获奖比例的46%。其中，全市共评出一等奖12篇，镇海区就有7篇。镇海区在宁波市教育系统第七届读书节教师读书征文比赛中获得的优异成绩也说明了近几年镇海区在鼓励教师读写结合方面所取得的成效。

　　为给更多教师参与区级读书征文比赛的机会，与各学科论文评比的指标不一样，我们对各所学校提交的读书征文篇数不设上限，想参加的教师都可以参加。但我们设置了底线，要求每一位参赛教师都要填写诚信承诺书，保证自己的文章为原创，要所在学校领导签字证明并加盖学校公章。

　　这里有个数据可以对比，浙江教育报刊总社组织的浙江省教师读书征文评选活动每年能收到参赛文章2000多篇，而镇海区的一次教师读书征文比赛就能收到超过500篇的参赛文章，这样的参赛比例算是很高了。

　　我对2017年以来全区7次区级层面的教师读书征文比赛的参赛教师进行过统计，发现有不少教师基本上每次都参与。因此，区级层面的教师读书征文比赛让教师在阅读过程中有了更多的获得感。

我对全区 2018 学年在区级以上报刊发表和获奖的文章情况进行过统计，从各校汇总上来的数据来看，不少学校的教师在区级教师读书征文比赛中获奖的文章占较大的比例。可以说，"敞开"的区级教师读书征文比赛为教师的获奖提供了很好的平台。事实上，教师写读书征文，就是在进行教育写作的实践，可以提高包括论文写作等教育写作能力。有一次我听区外的同行说，他们就是缺少这样的区级层面的鼓励教师读写结合的平台。

我们还经常在全区性的会议上公开表彰在区级教师读书征文比赛获一等奖的教师，给做主题分享的教师颁发证书，这些均会在区教育局微信公众号上进行推送。另外，我们还通过区教育局微信公众号推送在省级教师读书征文比赛中获奖学校和教师的名单。通过以上的操作放大获奖学校和个人的自豪感。

让教师在读写结合中感受阅读的获得感，是推动教师阅读的务实之举。

在教师阅读上要用好"指挥棒"

在 2020 年初举行的某次读书分享会上,我请某校一位教科室负责人介绍该校教师阅读积极性突然提高的原因。这所学校在教师阅读上曾是"拖后腿"的,但从一年前的寒假教师读书征文比赛起,就开始"高歌猛进",不仅参赛人数多,而且获奖的人数多、等级高。更值得一提的是,在宁波市教育系统第七届读书节教师读书征文比赛中,该校有四人获奖,而且两人为一等奖,而全市的获奖征文仅有 62 篇,其中一等奖 12 篇。

"我校是一所新学校,年轻教师多。起初,老师们觉得读书征文比赛获奖对自己业务考核没什么用,所以大家就不想参加。后来,我跟学校领导说了我校在教师阅读上落后的状况。学校考虑到阅读对教师成长的重要性,就把教师在区级以上读书征文比赛中获奖纳入对青年教师的考核指标。而且,各类读书征文比赛学校领导都带头参与。我们先举行校级评比,然后选送优秀的征文参加区级比赛。在这次宁波市教师读书征文比赛中,我校的一位副校长获得了二等奖。"这位教科室负责人介绍了该校在教师阅读方面"脱贫致富"的经验。

这位教科室负责人自身比较勤奋,经常参加各级各类读书征文比赛,并多次获奖。我也曾多次跟她说,作为教科室负责人,除了自己带头参与,还要带动更多教师参与。

从原先的无人问津到后来的踊跃参与,就是因为学校考核项目上的调整,让大家觉得写读书征文从没用变得有用了。

不可否认,这所学校教师阅读积极性的提高是基于功利的因素,并不意味着教师们的阅读热情真正提高了。但是,把教师在阅读方面的功利心转化为进取心,这并非坏事,至少在推动教师阅读上迈出了可喜的一步。

在教师成长的过程中,适度的功利心是需要的。职称晋升、名优教师评选,这些政府部门给教师设定的教师成长的追求目标,其实就是一种功利化的追求。

尽管很多教师内心并不喜欢写作,不少教师评上职称后就在教育写作上偃旗息鼓了。但同样是写作,为什么很多教师更愿意写论文而不是读书征文呢?显然,论文比读书征文有用得多。因为职称评审需要的是论文,名优教师考核需要的是论文,而读书征文在这样的评审和考核中是没用的。因此,在很多教师的心目中,读书征文自然就靠边站了。从某种程度来说,这也是教师的一种理性选择。2018年以前,浙江教育报刊总社每年都举行一次论文比赛和读书征文比赛,前者需要贴上参赛者在报刊上发表过的论文作为评选标志,而后者则是零门槛,每年参加论文比赛的人数要远超于参加读书征文的。套用流行的说法,这就是用大数据说明了教师做事相对理性背后的功利性因素。

毫无疑问，读写结合对于提高教师的阅读效果是很有好处的。教师写读书征文，不仅仅是在写读书征文，同时也是在锻炼写作能力。很多教师抱怨自己不会写论文，现实中很少动笔写作，写读书征文就是一种很好的练笔。如果每年读个几本书，每本书写至少一篇读书心得体会，几年下来，教师的写作能力肯定会有提升。在写读书征文中提高的写作能力，自然是能迁移到写论文中去的。这样，教师也不需要害怕写论文了。从这个意义上来说，教师多写写读书征文还是很有好处的。当然，从功利的角度来说，这个作用是间接的。

从学校管理的角度而言，可以用评价的"指挥棒"让教师觉得写读书征文有用。比如在教科研奖励中，在各类考核评比中，都让读书征文有那么一席之地。毕竟，教师愿意读点书，愿意写点文章，是好事。这样的教师多了，全校教师的阅读热情高了，学校的发展就能进入良性的循环。

学校的激励机制其实就是一种导向，体现了一种价值追求。如果学校不重视读书征文的发表或获奖，把它"打入冷宫"，那么教师认真撰写读书心得体会的积极性就会下降，进而阅读积极性下降，毕竟能真正做到"我要读"自觉状态的教师是少数的。这样一来，学校领导口中说的"教师要多阅读"自然不再有吸引力了。在王丽琴主编的《让教师不再害怕写作——八种常见教育文化撰写"地图"》一书中，就把读书笔记和教育随笔、教育叙事、论文、调查报告等列为常见的教育文体。可见，写好读书心得体会，是教师教育写作的应有之义。而且，在现阶段大力推动全民阅读的时代背景下，多读书，多写读书心得体会恰逢其时。因此，在学校的教科研奖励中，让读书征文有应有的地位是非常重要的。

前不久,我从镇海区中兴中学学校的微信公众号上看到,该校的"啃读会"被评为校级先进教师发展共同体。该校2019年度参加区级"啃读挑战"的17人中,有3人被评为校级骨干教师。该校教师在区级以上报刊发表或获奖的读书征文被视同同级论文,在教师岗位竞聘和职称评审中有加分。有这样的激励机制,教师撰写读书心得体会的积极性自然会更高,教师阅读也能更好地发挥作用。

我们不能刻意追求功利,但也不能忽视教师成长中必要的功利心的存在。同样,在推动教师阅读上,学校要用好激励机制的"指挥棒",把教师的功利心转化为进取心,让教师在阅读实践中形成阅读习惯。

第四辑 见证阅读带来的「高光时刻」

改变,从阅读开始。在坚持中,个体的自我精进,学校的特色形成,区域的整体推进,不同类型的阅读品牌活动的创建,都有了看得见的成效。

不同的教师群体,在阅读上均实现了自我突破。阅读成为幼师的新时尚,新入职的教师爱上了阅读,高年资教师在阅读中实现了二次成长,专业阅读成为更多教师的自觉行为。

在阅读中悄然改变,这就是阅读的力量。

在阅读中遇见更好的自己

2019年6月,我应邀在四川省《教育导报》上整版发表《做自我精进的现代教师》一文。做一名不断精进的教师,是我的自觉追求。我觉得,我正是在阅读中实现了自我的不断精进。我曾经读过采铜的《精进》一书,这本书的副标题是"如何成为一个很厉害的人"。从某种程度上来说,坚持自我精进,就是努力做一个很厉害的人。但对我而言,自我精进并不是做一个很厉害的人,而是要成为一名不懈怠的成长型教师。

我觉得自己是一个天分平平的人,要成为一名不懈怠的成长型教师,就需要在不间断的阅读中努力前行。

2001年上半年是我大学的最后一个学期,我在这个相对比较轻松的阶段与大学图书馆丰富的期刊资源为伍,复印了大量学科方面的资料。于是,2001年9月从教伊始,我就有了丰富的学科阅读资源,并形成了学科专业阅读的习惯。学科专业阅读的积累,让我提高了课堂教学能力和学科写作能力,获得了专业发展的"第一桶金"。在工作的第四年,我就在宁波市学科论文评比中获得了一等奖。2006年,我在《中小学心理健康教育》杂志社和《中国教育报》联合举办的评选中获评全国首届中小学心理健康教育"十佳作者"称号。

从 2007 年开始，我就坚持学科阅读和开放阅读并举，进一步开阔了视野，更好地扮演了学校教科室负责人的角色，进一步提高了教育写作能力。

从 2008 年起，我逐步走上了以教育专业为主的各类著作、综合教育类刊物和学科刊物齐头并进的教育阅读之路，从此，也逐步走上了专业发展的可持续成长之路，成了一名具有一定影响力的教师阅读推广人。在这个过程中，我不仅高质量地完成自己的各项工作，并且公开发表了不少教育方面的文章，并先后出版了《从新手到研究型教师——我的专业成长手记》《教师阅读力》《教师成长力修炼》《走进教师阅读》这四本著作。

2011 年 12 月，我被《教育信息报》评为"年度书香人物"，成为当时第一位获评这个称号的基层学校教师。2012 年 12 月，我被浙江教育报刊总社破格聘为"名师成长"导师库首批德育类导师。当时，浙江教育报刊总社公开遴选导师库人选，底线要求是高级教师，而且还要有一定的知名度。而那时的我，连高级教师都还不是，自然是自动回避了。后来，浙江教育报刊总社的相关工作人员主动跟我联系，让我填写表格，我就这样意外地成了导师库中的一员。事后，我打听了一下，因为我获评"年度书香人物"，并在报纸上发表过不少有关德育的文章，于是就破格聘请我了。入选导师库，就要根据浙江教育报刊总社的安排，给相应的培训班上课。2013 年 10 月，我就给全省的一个班主任培训班做过"牵手阅读让班主任更智慧"的讲座。此后，根据浙江教育报刊总社的安排，我也陆续给相关培训班做了讲座，主题基本上都是跟教师阅读有关的。这些讲座的开设，让我在实践操练中提高了讲座水平，也让我对如何有效推动教师阅读有了进一步的思考。

2013年，我被《中国教师报》评选为中国十大"爱读人物"。2015年，我参加了《中国教育报》"推动读书十大人物"评选。《浙江教育报》以《教师，做全民阅读的"先行者"》为题，刊发了我的阅读主张。我已获得了《中国教育报》"2014年度推动读书十大人物"提名。2016年3月，我以全民阅读推广人的身份获评2015浙江教育十大年度影响力人物。

2018年4月23日，北京的《现代教育报》以《专家教你如何提升阅读力》为题刊发了我的文章。当时，编辑向我约稿，我写了篇《教师阅读力提升的四大策略》，没想到最后编辑改动了标题，不过，能被北京的教育报称为"专家"，说明自己在教师阅读推动这方面有了一定的影响力，自己的阅读主张得到了认可。

此外，我还在《教师博览》《中小学德育》《今日教育》《学校品牌管理》《中国教育报》《德育报》《浙江教育报》《教育时报》等报刊发表了不少关于推动教师阅读的文章，对教师阅读有了更理性的思考。

在不间断的阅读过程中，我把教师阅读推广作为自己的研究课题。最初，我是从自娱自乐的草根研究入手，没有申请任何课题立项，但还是先后获得了宁波市中小学继续教育成果奖、宁波市教育科研优秀成果奖、浙江省教育科学研究优秀成果奖。后来，我也有意识地开展专门的课题研究，并获得了宁波市学校德育研究成果奖，相关课题还在浙江省师干训课题中立项。正因为在研究过程中取得了不少科研成果，我获得了"浙江省教育科研先进个人"称号。

从 2018 年开始，我倡导发起"啃读挑战"活动。为了起好带头作用，并且把合适的书推荐给大家共读，我也跟着大家一起前进。我一方面关注最新好书的消息，另一方面也有意识地开展经典阅读，进一步提高自己对经典著作的认识。为了主持好每一次读书分享会，我需要对相关书籍进行认真的研读，这样才可以在现场的主持中从容淡定，谈笑风生。

在阅读的滋养下，我走过了职业"小白"的青涩，走出了职业成熟的"高原期"，努力成为自我精进的新时代教师。

从"全校十人"到"全市十佳"

2016年10月26日,在宁波市第四届教育系统读书节闭幕式暨表彰会上,仁爱中学提交的《引领和选择并举,先锋和全员同行》被评为宁波市"十佳校园阅读推广案例"并获得表彰,成为"十佳"中唯一的推动教师阅读的案例。当时的我已经调到镇海区教科所工作,但还是代表仁爱中学去领了奖。此后,《东南商报·教育周刊》以《阅读,让浓浓书香飘满甬城校园》为题,对宁波市十佳校园阅读推广案例进行了整版报道,还专门以《一个人阅读太孤单?独"阅"乐不如众"阅"乐》为题对仁爱中学推动教师阅读的经验进行了报道。

以下是《东南商报·教育周刊》对仁爱中学推动教师阅读的介绍:

> 在仁爱中学,读书已经成为越来越多教师的生活方式。从2008年9月起,仁爱中学走出了一条从"读书种子"开始,推动"全员阅读",从"全员共读"又走向"个性阅读"的教师阅读可持续发展之路。
>
> 仁爱中学的教师读书社至今已走过8个年头。成立之初,读书社仅有10名成员,均为学科骨干教师和中层以上的管理人

员。他们肩负起培养教师中的"读书种子"的使命,成为推动教师阅读的生力军。每年的"新春读书沙龙""与世界读书日同行""与作者面对面"等活动成了读书社的常规动作。

在"读书种子"的影响下,仁爱中学"全民阅读"活动也积极开展起来,学校工会给每个教师办公室安装了小型的不锈钢"共享书架",并不定期赠书。

从2011年6月开始,该校每年开展让教师"读自己爱读的书"活动,学校推荐6本优秀图书,教师自选1本,学校统一购书,并在放假前发到教师手中。

此外,该校还依托学校互动论坛——"网上家园的书香校园"栏目,建立各种与书籍相关的主题帖,让教师间的读书交流突破了时空的限制。

"让读书成为教师的生活方式,让教师成为全民阅读的先锋。"在仁爱中学,推动教师读书已不仅仅是一种活动,而是成了像呼吸一样自然的事。

在整篇报道中,关于仁爱中学的报道占了整版四分之一的篇幅。可见,仁爱中学推动教师阅读的经验得到了充分的肯定。

从成立之初的"全校十人",到八年后成为宁波市的"十佳案例",这或许就是坚持的力量。在这八年中,我作为仁爱中学教师读书社的社长,一直是推动教师阅读的践行者。

培育"读书种子",让最忙之人先读,党政工形成合力,让教研组动起来……在长期的坚持中,仁爱中学的教师阅读推广成为宁波市

"十佳案例",成为名副其实的标杆。对我个人来说,八年的努力,在一次失败的校园阅读推广的基础上起步,让仁爱中学的教师阅读推广经验站在了舞台的中央,这样的结果非常圆满。

关于仁爱中学具体推动教师阅读的做法,本书第三辑的相关文章已有详细的介绍,这里不再赘述。

那么,现在跳出仁爱中学来看仁爱中学推动教师阅读的经验,我觉得推动教师阅读是个系统工程,需要人人有所作为。

学校推动教师阅读涉及三个层面,分别是领导层面、推进层面和执行层面,这三个层面要各自发挥好作用,才能有效推动教师阅读。

领导层面要做好推动教师阅读的顶层设计。校长(一把手)要真正重视教师阅读,要言行一致,不能耍假把式。我经历的仁爱中学的四任校长都非常重视教师阅读,可谓接力推动教师阅读。校长等校级领导要尽可能出席各类教师阅读活动,用实际行动支持教师阅读。学校党政工合力推动教师阅读,出台激励教师阅读的措施,不定期给教师赠书,鼓励教师订阅专业刊物,对教师的读书成果给予奖励,把教师的读书征文纳入教科研成果范畴,奖励标准视同同级论文。学校领导经常性地公开表彰各类教师阅读先进个人,以及在阅读方面取得成果的教师。可以说,仁爱中学的领导层面在推动教师阅读的顶层设计上是做得很不错的。

推进层面要精心组织各类教师阅读活动。比如,仁爱中学建立了校级层面的教师读书社,每个教研组都有代表,作为推动教师阅读的先锋团队。教师读书团队要发挥先锋模范作用,成为推动全校教师阅读的"读书种子"。在读书社的组织下,形成了"让教师读自己爱读的书""新春读书沙龙""与世界读书日同行"等品牌读书活动,扩大了教师阅读的影响力。

执行层面就是体现阅读推动成效的全体教师。领导层面的顶层设计和推进层面的精心策划,最终都要落实到全体教师中。作为执行层面的全体教师而言,要明确阅读对自身的重要意义,成为阅读的积极践行者,积极参与学校组织的阅读活动,逐渐形成阅读自觉。做到读写结合,让自己在阅读中有获得感。当然,在领导层面和推进层面的努力下,并不是每一位教师都能执行到位。学校在推动教师阅读的过程中,要努力让更多的教师参与进来。当越来越多的教师形成阅读习惯时,基本上就形成了良好的教师阅读文化。

2018年9月,镇海区教育局首次评选教育团队"群雁奖",全区共评出10个"群雁奖",仁爱中学教师读书社也跻身其中。尽管我离开仁爱中学已经两年了,但我依然为自己曾领跑仁爱中学教师读书社八年感到由衷的自豪。

"研之乐"读书会初显魅力

2020年2月10日,《德育报》头版头条以《区域"教师阅读组织"点燃教师阅读激情——浙江省宁波市镇海区"研之乐教科研骨干读书会"的精彩回放》为题,对"研之乐"读书会推动区域教师阅读的经验进行了报道。我听联系人说,这个标题是《德育报》总编辑张国宏改定的。我也特意查了一下,这篇文章投稿时的标题为《推动区域教师阅读的三个"着力点"——来自浙江省宁波市镇海区"研之乐"读书会的探索》。把探索改为"精彩回放",充分体现了《德育报》对"研之乐"读书会的高度认可。

这篇文章主要介绍了"研之乐"读书会推动区域教师阅读的三个"基于",即基于教师立场、基于教科团队、基于"啃读挑战"。通过《德育报》的报道,"研之乐"读书会的实践探索价值进一步得到了认可。

此前不久,"研之乐"读书会也被浙江省总工会评为优秀读书团队,被宁波市总工会评为2019年宁波市职工十佳阅读团队。也就是说,"研之乐"读书会的影响力走出了教育圈。能被省、市总工会表彰,得益于"研之乐"读书会成员的团队凝聚力和读书会开展的务实的读书活动。

2019年6月,受镇海区教育工会的委托,"研之乐"读书会组织参加了2019年"啃读挑战"活动的教师参加浙江省总工会组织的"浙工悦读——同建一个家"全省职工读书活动团体书评大赛。大家都根据要求踊跃提交书评,并取得了优异的成绩。其中,"啃读挑战"活动的共读书目《生命教育教师手册》和《儿童立场》的书评均获二等奖,"啃读挑战"活动的限选书目《爱的艺术》和《教学勇气》的书评分获一等奖和三等奖。该团体书评大赛共评出30个奖项,"研之乐"读书会共获得了一等奖1项,二等奖2项,三等奖1项,并获得了比赛的组织奖。

2019年9月27日,"研之乐"读书会举行了成立三周年纪念暨"阅读促进教师成长"经验分享会。会上表彰了十二位"最具成长力"会员。这些"最具成长力"会员中,中青年名优教师、教科室负责人、年轻教师均有代表。活动中,冯雪波、徐萍、庄颖分别代表中青年名优教师、教科室负责人、年轻教师发言。她们不仅自己爱阅读,还带动了身边的教师阅读,是名副其实的"读书种子",充分发挥了"种子效应"。

借"研之乐"读书会成立三周年之际,我们编印了题为《做区域教师阅读的领跑者——镇海区"研之乐"读书会成立三周年回眸》的成果集。这份成果集内容包括"研之乐"读书会三年大事记、"研之乐"读书会"最具成长力"会员名单及"最具成长力"会员成长感悟、全区近三年在省级教师读书征文比赛中获奖情况、近三年区级教师读书征文比赛一等奖名单、相关媒体对"研之乐"读书会的报道、"研之乐"读书会相关经验文章及获奖证书等。

十二位"最具成长力"会员的成长感悟各有特色，但从中可以读到这些教师借助"研之乐"读书会这个平台，在亲近阅读中加快成长，进而影响到更多教师阅读的经历。

2016年9月读书会成立之初，《东南商报·教育周刊》和《浙江教育报》均对镇海区成立区级教科研骨干读书会的做法进行过报道。三年后，回首当初"做阅读的先行者和科研的领跑者"的使命，我们感到很欣慰。说实话，当初我们也没有想到"研之乐"读书会会有这么大的影响力。

当初，我们希望读书会的会员能成为所在学校教师阅读的领军人物，这一目标早已实现。"研之乐"读书会中的很多成员，都发挥了推动所在单位教师阅读的先锋队员的作用。

在"研之乐"读书会的建设过程中，我们首先精心开展好各类活动，让读书活动有成效。同时，我们也非常注重"研之乐"读书会自身的品牌建设。在这个眼球经济时代，酒香也怕巷子深，我们及时开展了相关的宣传活动，扩大了"研之乐"读书会的影响力。

我们请人设计了"研之乐"读书会的LOGO，并将其广泛应用到各类活动中：我们所颁发的各类获奖证书均印有"研之乐"读书会的LOGO；我们在开展大型读书活动的时候，均在宣传展板醒目位置标注"研之乐"读书会的LOGO。

我们开展活动的信息会及时通过区教育局微信公众号推送。比如"研之乐"读书会成立三周年的活动，镇海区教育局微信公众号以《经验分享，标杆引领 | 镇海区"研之乐"读书会举行成立三周年纪念暨"阅读促进教师成长"分享会》为题进行了推送。《今日镇海》也对

"研之乐"读书会成立三周年纪念暨"阅读促进教师成长"经验分享会进行了报道。

我们希望通过加强"研之乐"读书会品牌的建设,扩大读书会的影响力,让大家觉得参与读书会和参加读书会的活动是一种荣耀。对于"研之乐"读书会的骨干成员,我们要进一步强化其归属感。对于其他教师,我们要通过提高读书会的美誉度,让其在参与读书会的相关活动时有获得感。

让研读、研究、研修都成为乐事,"研之乐"读书会将在进一步的探索中更有作为。

"三结合"力量让阅读成为幼儿教师群体新风尚

《教师月刊》2019年第10期的封面栏目讲述的是学前教育专业的硕士研究生许婷在幼教事业中"逃离和回归"的故事。许婷在文章中提到,受大环境的影响,加上平时缺乏阅读,很多幼儿教师只是将学前教育当成一份工作,而不是一项事业。我觉得许婷说得很有道理,从某种程度来说,幼儿教师阅读少也是一个较为普遍的现象。

那么,幼儿教师阅读少这个问题该如何解决呢?近几年,镇海区幼儿教师阅读热情高涨,我非常有感触。在"研之乐"读书会成立之前,或许是没有人发动,或许是很多幼儿教师也没这个意识,全区没有一位幼儿教师在浙江教育报刊总社组织的浙江省教师读书征文评选活动中获奖。但2016年9月,"研之乐"读书会成立之后,组建了区域教师读书团队,让每一所幼儿园有了推动教师阅读的组织者、示范者和先行者。在当年的第十一届浙江省教师读书征文评选活动中,全区有26位幼儿教师获奖,其中1人获一等奖,4家幼儿园获组织奖。在2018年第十三届浙江省教师读书征文评选活动中,全区有52位幼儿教师获奖,其中7人获一等奖,13家幼儿园获组织奖。当然,教师阅读热情高不能只从比赛获奖来证明。但全区这么多幼儿园获组织奖,这么多幼儿教师获个人奖,这在很大程度上说明了幼儿教师阅读的普遍性。

在镇海区组织的寒暑假教师读书征文比赛和各类主题征文比赛中,全区幼儿教师也都踊跃参加。以2017年3月结束的镇海区第一届寒假教师读书征文比赛为例,全区共评出一等奖15篇,幼儿教师征文占了6篇。

2018年9月21日,《浙江教育报》以《阅读成为幼师的新风尚》为题,对镇海区幼儿教师阅读热情高的现象进行了报道。

只要我们稍微留意一下,就会发现在镇海区各类教师读书分享会的现场都有幼儿教师的身影。幼儿教师和中小学教师一起登台发言,和中小学教师一起参加各类读书分享活动。在幼儿教师中,也出现了较有影响力的"阅读达人",他们不仅自己读,还带动身边的教师读。

在"啃读挑战"活动中,澥浦镇中心幼儿园的陈丹丹老师已经连续三年报名参加,并且带动更多幼儿教师参与其中。她甚至主动报名参加了《民主主义与教育》的共读活动,并在全区100多位教师面前做了主题分享。她的读书心得体会多次在省级比赛中获奖,并多次获得区一等奖,她的"啃读挑战"活动小结也很有深度。她把《让阅读变成一种习惯》作为2019年度"啃读挑战"活动的小结。在这篇文章中,她提到自己的三种阅读模式:利用碎片化时间,简单阅读;制订进阶性计划,系统阅读;形成循序式促进,提升阅读。三种阅读模式各有各的作用,她认为,提升阅读水平就是在阅读的过程中提升自己的理解能力、概括能力、表达能力等,通过阅读获得能力的提升和专业的发展。可见,她对阅读的理解已经有一种方法论的味道了。

宝山幼儿园的蒋倩倩老师工作仅四年,但她在全区的"品读名家教育经典,争做新时代好老师"专题论坛中,表现得很不错。在2019年由中国教育新闻网主办的全国暑期教师读书随笔大赛中,她写的阅读《儿童立场》的心得获优胜奖,而全国仅有18篇文章获奖。

民办博格幼儿园的唐科美老师在"品读名家教育经典,争做新时代好老师"读书征文比赛中获一等奖,并在现场做了主题分享。她还积极参加《浙江教育报》关于"我与孩子的故事"的讨论,在《浙江教育报》发表了《孩子,你能接受我的道歉吗?》一文。教龄已25年的她,2020年参加了区级的"啃读挑战"活动。

西门幼儿园是小微幼儿园,全园仅有15位教师。2018年,该园有4位教师参加"啃读挑战",2019年和2020年的参加人数均为10人。该园教师还积极参加各类读书分享会。

2020年区级层面的"啃读挑战"活动,全区共有211位教师参加,其中有14家幼儿园的73位幼儿教师参加,占了总人数的34.6%。参加"啃读挑战"的教师中,教龄最长的为28年,最短的为1年,平均教龄8.3年。而在73位幼儿教师中,教龄20年以上的有7人,10到19年的有20人。可以说,参与"啃读挑战"的幼儿教师,既有年轻教师,也有成熟教师和资深教师。从这个数据来看,幼儿教师整体阅读的积极性还是不错的。另外,2020年的"啃读挑战"还推出了校级层面的活动,有些教师怕自己达不到区级标准,就先参与阅读量减半的校级层面的"啃读挑战"活动了。

在2019年10月份举行的《阅读照亮教育人生》一书的读书分享

会上，来自蛟川街道中心幼儿园的陈梦霞和另外 3 位中小学教师同台分享，她的精彩发言给大家留下了深刻的印象。她也从该次分享会上收获了信心，感受到了参加读书分享会的美好。后来，我发现在 2020 年区级"啃读挑战"的名单上，第一次有了陈梦霞的名字。

  2019 年 12 月，宁波市教育系统第七届读书节闭幕式在镇海区尚志中学举行。中场休息时，一位区外的幼儿教师跟我交流，说非常羡慕镇海区能为教师阅读搭建这么好的平台。阅读能成为镇海区幼儿教师的新时尚，或许跟"研之乐"读书会搭了个好平台有很大的关系。既然这个平台很不错，那么今后我们要继续为大家搭建，让更多的幼儿教师走上阅读之路。

"啃读挑战",吸引更多教师"躬身入局"

2020年,镇海区教师"啃读挑战"活动进入了第三年。这项完全由教师自主报名参与的"自我加压"式的读书活动,全区参与人数达到了211人。2020年的"啃读挑战"活动,纳入了教师专业发展项目,并得到了镇海区教育局"学校自主发展项目"的经费资助。"啃读挑战",从民间自发行为成了教育行政部门和教师培训部门大力支持的教师专业发展行动。

2018年开展"啃读挑战"活动时,作为活动发起人的我,说实话,心里是没底的。当时,"研之乐"读书会在教科团队建设上已取得了一定的成效,希望通过一个品牌读书会,把区域教师阅读活动常态化。最初,我只是在群里征求了部分读书会成员的意见,得到了积极的响应。于是,一年读12本书,每本书写千字以上感悟的"啃读挑战"活动正式面世了。

参与者自愿报名,并亲笔签名承诺书。承诺书的主要内容为以下两点:一是完成一年读12本书,每本书写千字以上感悟的任务,每两个月提交一次作业,若不提交作业,视同自动放弃,三年内不能参加同类活动;二是如有抄袭等学术不端行为,将在读书会内部通报并告知其所在单位领导。

在一些"阅读达人"看来，这样的要求并不高。但我们要考虑到国民和教师的整体阅读状况。近年来，每年的全民阅读状况调查结果显示，每年阅读纸质图书 10 本以上的，就进入全国前 10% 的行列，很多调查结果也显示，教师的阅读状况跟其他群体相比，没什么大的区别，而且，教师群体中真正喜欢写作的教师不多。在《让教师不再害怕写作》一书中提到，有些教师宁上十节公开课，也不愿写一篇文章。

因此，开展读写结合的"啃读挑战"活动还是有一定难度的，要真正完成并不轻松。而且，有些推荐的共读书并不是教师自己真正喜欢读的。

2018 年的"啃读挑战"活动最初有 80 人报名，说实话我也不知道究竟有多少人能坚持到底。第一次作业，全体参与人员都及时提交了。到第二次作业的时候，就有一位女教师退出了，理由是自己孩子小，家里实在忙不过来。到第三次作业的时候，又有两位高中教师没有及时提交，自动退出了。到年底，全区仅有 7 位教师未能完成"啃读挑战"。甬派客户端前后两次对"啃读挑战"活动进行了报道，宣布"啃读挑战"成功。

2019 年的"啃读挑战"活动，报名人数达到了 196 人，其中有 37 人为连续两年参加。于是，我们举行了 2018 年"啃读挑战"活动总结表彰暨 2019 年"啃读挑战"活动启动仪式，表彰了 21 位"啃读挑战"先进个人，并安排了 3 位先进个人做经验分享。我们给完成"啃读挑战"的教师出具了证明。考虑到 2019 年镇海区中兴中学在校长周伟文的身体力行下，共有 17 人参加"啃读挑战"，我专门安排了周伟文校长做表态发言。

2019 年"啃读挑战"活动的实施方案和 2018 年相比，有了一些调整。2018 年是"6 本共读书 +6 本自选书"，2019 年改为"4 本共读书 +4 本限选书 +4 本自选书"，即以"啃读挑战，四季读书"的方式，每季度提交一次作业。为更好地推进镇海区教育局倡导的"生命教育"理念，我们把《生命教育教师手册》作为第一本共读书。

2019 年世界读书日期间，《浙江教育报》以《"啃读挑战"：让教师走出"舒适区"》为题，刊发了镇海区的相关经验。这个做法也引起了《浙江日报》的关注。报社专门派记者过来，体验了"生命教育"主题论坛暨《生命教育教师手册》读书分享会，并采访了部分参与"啃读挑战"活动的教师。2019 年 6 月 21 日，《浙江日报》以《宁波镇海区发起全域"啃读挑战" 教师，成为阅读领跑者》为题，以超过 3500 字的篇幅，图文报道了镇海区的做法。

2019 年，我们总结"啃读挑战"的案例经验，并以《"啃读挑战"：让教师走出成长"舒适区"》为题，参加了宁波市教育系统第七届读书节"校园阅读推广活动优秀案例"的评选，并在现场评比中获得第一名。镇海区承办了宁波市教育系统第七届读书节的闭幕式，在闭幕式上，我做了区域推动教师阅读经验的介绍。我把区域的做法进一步提炼为"一体两翼"，即教师立场作为初心和使命，教科团队为依靠力量，"啃读挑战"为实施路径。

2020 年 1 月 14 日，《现代金报·宁波教育》的"样本解读"版面，以《"啃读挑战"让教师和阅读交上朋友》为题，对镇海区"啃读挑战"

的做法进行了报道。

2020年4月,"啃读挑战"全力推动镇海区教师阅读的做法,获评首届宁波市教育改革创新优秀案例。本次评选由宁波市教育局办公室、宁波市教育学会、《宁波教育》编辑部联合开展,在全市推选的86个案例中选出30个进行网络投票。最终,获得10大典型案例的基本上都是市级层面的案例,县(市、区)级的仅有2个,"啃读挑战"作为一个教师阅读活动案例,能成为全市的20个优秀案例之一,真的是很不容易了。

2020年4月15日,《中国教育报·读书周刊》的《一线行动》栏目,以《"啃读挑战":让更多教师"躬身入局"》为题,推介了镇海区的这一做法。

"啃读挑战"从原先的摸索前行到后来的全市闻名,成功的背后是有原因的。"啃读挑战"在全区营造了良好的阅读氛围,让参与者走出阅读的"舒适区",进入学习区,并在团队的"阅读场"中抱团取暖,获得了前行的动力。更多教师在各类读书分享会中获得了阅读的动力,成为爱阅读的教师。

"啃读挑战",或许契合了朱永新教授倡导的专业阅读、专业写作、专业交往的教师专业发展模式,在实践中迸发了旺盛的生命力。

"阅读分享"成为教师培训品牌项目

2019年6月,镇海教师进修学校分管教师培训的校领导朱志芬让我设计一个教师阅读素养提升的培训项目,供区内感兴趣的教师在浙江省师训平台上选择。

于是,我围绕"研之乐"读书会的活动和"啃读挑战"的具体安非,设计了镇海区教科研骨干阅读素养提升培训项目,并邀请教育媒体编辑、特级教师和高校教授,在教师文章投稿策略、教育艺术和教育思想等方面进行引领。

培训要求在浙江省师训平台上选课的教师必须全程参加,其他教师可按要求参加或者自主参加。在设计培训课程时,我把教师阅读、教师分享、专家讲座有机地结合了起来。2019年下半年阅读素养提升的培训,我安排了四个半天的课程。

2019年9月27日,结合"研之乐"读书会成立三周年纪念活动,我安排了读书会三位"最具成长力"会员做"阅读促进成长"的经验介绍,并邀请《浙江教育报》资深编辑池沙洲给大家做教育报刊文章投稿策略与技巧方面的讲座。除了在浙江省师训平台上选课的教师,其他感兴趣的教师均可参加。

2019年10月31日,结合2019年"啃读挑战"活动的第三本共读书《教育,向美而生》,我邀请作者郑英来现场讲座。在活动现场,对2019年暑假教师读书征文比赛一等奖获得者和《教育,向美而生》优秀读书心得体会获得者进行了颁奖。活动中,四位教师从不同的角度分享了阅读《教育,向美而生》的心得。最后,正高级教师、德育特级教师郑英做了"教育,向美而生"专题讲座。与会的教师基本上都阅读过郑英的书,因此听她的讲座都非常有感触。我们把听郑英讲座的心得作为在浙江省师训平台上选课的教师的作业。从教师提交的心得来看,大家对郑英讲座的评价非常高。

2019年12月,我结合2019年"啃读挑战"活动的限选书《民主主义与教育》,邀请这本书的翻译者——宁波大学教师教育学院陶志琼教授做讲座。我们也安排了三位教师做主题分享,并请陶志琼教授结合这本书对杜威的教育思想进行了解读。

此后,我们进行了镇海区教科研骨干阅读素养提升培训班的结业仪式,安排了三位撰写了优秀心得体会文章的参训教师进行主题分享,并邀请精英小学刚刚获评镇海区书香家庭的庄英红老师讲述了"我的阅读故事"。精英小学是全省教科研先进集体,近年来多项成果获宁波市一等奖。精英小学还展出了近五年来获得的四项宁波市教科研成果一等奖的课题材料供大家观摩,让大家有意识地把阅读和教科研有机结合起来。

2019年12月,宁波市教育行政干部培训中心和宁波市中小学教师培训中心召开教育培训品牌提升专题研讨会。据介绍,该研讨会是为了加强全市教育培训工作进行的经验交流,总结与提炼教育培训品牌的特色,思考与展望教育培训工作的愿景,进一步扩大宁波教育培训工作的影响力。

镇海教师进修学校把教师阅读素养提升的培训作为在全市交流的教育培训品牌项目。学校领导朱志芬在研讨会上做了"助力更多教师成为全民阅读的先行者——镇海区开设'阅读分享'培训项目的实践与思考"的经验分享,效果很不错。此后不久,宁波市中小学教师培训中心专门向镇海教师进修学校约稿,在《宁波师训》上推介了镇海区的这一做法。

根据学校领导的要求,2020 年上半年要继续开展教师阅读素养提升方面的培训。于是,我结合 2020 年"啃读挑战"活动的相关安排,从中选择了《学生眼中的好教育》《穿越教育概念的丛林》《行走在教师身边的科研》这三本书,把教师读书、读书分享、专家讲座、先进表彰等结合起来。

《学生眼中的好教育》的作者是《中国教育报》资深编辑张贵勇博士,区内不少教师读过他的其他著作。因此,我们借这个机会邀请张贵勇来镇海和大家进行面对面的交流。

《穿越教育概念的丛林》是我国著名教育学者石中英教授的著作,对引领中小学教师更好地理解各种教育概念和学习教育理论有很大的帮助。因此我们邀请了宁波大学教师教育学院副教授、北京师范大学教育学博士梁明月就"一线教师如何学习教育理论"这个话题进行了深入探讨。

《行走在教师身边的科研》是北京市海淀区培养教育科研"种子教师"项目的成果,对教师如何开展研究有很好的指导意义。因此,我们邀请了宁波市教科所科研人员、华东师范大学教育学博士李丽为大家讲述一线教师如何做教科研。

这三次关于阅读分享的大型培训活动，均由拥有较大报告厅的学校承办。除了在浙江省师训平台上选课的教师，其他感兴趣的教师均可自主参加。这些做讲座的专家都很有水平，教师如果有空来听听这样的讲座，对提升自我是很有帮助的。比如，李丽博士结合《行走在教师身边的科研》一书的讲座，我们会要求全区的教科室负责人都来听听。

2020年上半年教科研骨干阅读素养提升培训的各项安排，在寒假前均已安排妥当，待新学期开学后，便可有序进行。但突如其来的新冠肺炎疫情打乱了原先的安排。幸好，基于阅读和阅读分享的培训可以在线上进行。经上级教师培训主管部门批准之后，这个培训转移到了线上。于是，我们专门建了线上培训群，除了在浙江省师训平台上选课的教师，还把原先拟安排前来讲座的专家张贵勇、李丽和梁明月都邀请入群，另外还邀请了《行走在教师身边的科研》一书的作者之一，北京市海淀区教科院的杜卫斌老师。2020年4月8日，这四位专家以"云伴读"的形式，出席了线上培训班开班仪式。这种"云伴读+云分享"的方式，吸引了区内不少教师的关注。本次培训，正式学员为95人，但入群的本区教师在160人左右，不少教师成为"蹭线上培训一族"。

我们在阅读方面的培训课程，着眼于教育专业书籍的阅读，并在专业阅读的基础上，提升教师的教科研意识和能力，让教科研在教师成长中更好地发挥第一生产力的作用。

把"阅读分享"开放成培训课程,我们不仅在实践中做成了,还将其与推动区域教师阅读有机结合起来,努力使其成为具有一定影响力的教育培训品牌项目。

阅读让教师走出成长"高原期"

在镇海区"研之乐"读书会会员中,有个大家都很佩服的"读书达人",那就是冯雪波老师。作为读书会首批且最年长的会员,她加入读书会时已经评上了高级职称,而且教龄近30年。对她来说,读书写文章,已经没有了职称评审方面的追求,但她仍沉浸在读写结合的快乐中,并连续三年参加了"啃读挑战"。客观地说,要完成"啃读挑战",需要逼自己一把的勇气。有的参与者中途退出,有的好不容易完成一年的挑战后就知难而退了,能连续三年参加的,真的是猛士了。而冯雪波老师在两年的"啃读挑战"活动中,两年都被评为先进个人。

2019年6月,我突然想到一个问题:参加"啃读挑战"活动教师的写作水平和前几年相比有了多大提升?于是,我问了冯雪波老师近三年她写的文章跟前些年比起来怎么样。第二天,她发给我一个汇总表,上面是她近三年发表和获奖的各类文章。她说近三年发表和获奖的文章比之前二十多年的总和还要多。这个答案让我很震惊。因为很多教师缺乏教育写作的意识,如果没有职称评审、名优教师评选的外在压力,很多教师可能会远离教育写作。

于是,我把冯雪波老师的这个"逆成长"现象跟《浙江教育报》的池沙洲编辑说了一下。池沙洲编辑鼓励冯老师把自己的成长感悟写出来。9月,一篇3000字左右的题为《用心啃读一本书,一气呵成一篇文》的文章,在《浙江教育报》阅读版头条刊发了。

2019年9月,"研之乐"读书会成立三周年纪念暨"阅读促进教师成长"经验分享会在冯雪波所在的炼化小学举行。会上表彰了十二位"最具成长力"会员。三位"最具成长力"会员还介绍了自己在读写结合中的成长感悟,冯雪波老师就是其中的一位。

教龄30年的冯雪波老师介绍了自己参加读书会组织的各类读书征文比赛和读书分享会的情况,以及自己参与"啃读挑战"的收获,让大家切实感受到了"只要真正想阅读,什么时候都不晚"的道理。她还将阅读所得运用到日常教学和班级管理中,带着孩子们一起阅读,过着快乐的"孩子王"生活。

冯雪波老师参加读书会后,阅读热情被进一步激发了,她切实感受到了读写结合对自己成长的助力。她的阅读故事也大大激励了读书会中的其他教师。不少教师在小结中提到,像冯老师这么大年龄的老师还这么热爱阅读,自己怎么好意思不读书呢!

像冯雪波这样的老师,可以说是走上了专业二次成长之路。现在,关于教师二次成长的话题引起了不少研究者的关注。现实中,有不少教师起初在专业成长上非常有热情,但评上职称后,在专业成长方面便偃旗息鼓了。有些教师在评上高级职称后,甚至十多年都没有写过一篇文章了。这样的现象并不鲜见,我也见过不少。

冯雪波老师在评上高级职称之后,因为参加了"研之乐"读书会这样一个教师专业成长共同体,她的阅读热情被激发了,她在阅读中走上了专业二次成长之路。

教师走上专业二次成长之路，往往需要一个契机，"啃读挑战"就具备这样的功能。

在2019年浙江省总工会举行的读书征文比赛中，精英小学庄英红老师撰写的《儿童立场》一书的心得体会获得了省二等奖。这本书是2019年"啃读挑战"活动的第二本共读书。起初，我对庄英红老师并不了解，后来，听精英小学领导介绍，庄老师是该校参加"啃读挑战"年龄最大的老师，她的孩子已经读高中了。她参加"啃读挑战"活动后，在教科研方面的成长非常快。2019年9月，庄老师的家庭还获评镇海区书香家庭。据她自己介绍，原先她尽管喜欢读书，但读得很散、很随意，基本上没读过专业方面的书。参加"啃读挑战"后，在阅读专业书籍的过程中，她感受到了先进的教育理论对自己工作的指导作用，也品到了阅读专业书籍的滋味，在教科研方面更投入了。她结合一本书的阅读写的一篇文章获得了宁波市某征文比赛二等奖，她本人还被评为2019年"啃读挑战"先进个人。

于是，我安排庄英红老师在精英小学举行的镇海区教科研骨干阅读素养提升培训班的结业仪式暨经验分享会上做主题分享。在分享会上，她结合自身阅读、和女儿一起阅读和带动学生阅读的"我的阅读故事"，带给大家很多的启发。2020年的"啃读挑战"活动，她又第一时间报名了。

2019年10月，在安排《教育，向美而生》一书的主题分享人选的时候，我看到海润幼儿园的杨洁老师的读书心得体会写得不错，但一看相关信息，发现她已经有28年的教龄了。由于读书分享会一般要求分享者全程脱稿，我不知道对这样一位老教师提这个要求合不合适。于是，我先征求她的意见，她毫不犹豫地答应了。在分享的时候，她也做到了全程脱稿。这样年龄的教师在全区的读书分享会上全程脱稿，对年轻教师会起到多大的推动作用！2020年的"啃读挑战"活动，杨洁老师也继续参加了。

类似的教师专业二次成长的故事，在"研之乐"读书会中还有不少。2020年参加区级"啃读挑战"活动的教师中，教龄在20年以上的就有20人，其中7人的教龄在25年以上。

教师想让自己走向专业二次成长，走出成长"高原期"，就从多阅读起步吧！

让新教师爱上阅读的秘密

在 2020 年 1 月份举行的镇海区 2019 年"啃读挑战"活动总结表彰暨 2020 年"啃读挑战"活动启动仪式上，我安排了尚志中学的王慧斐老师做经验交流，她是 6 位主题发言教师中教龄最短的教师。2018 年 8 月正式入职的她，参加"啃读挑战"时仅有半年教龄，还在见习期。

据她介绍，她刚参加工作时，看到身边有不少同事在参与"啃读挑战"活动。了解了"啃读挑战"是怎么回事后，她非常想参加这样培植阅读毅力的自我提升的活动。但是"啃读挑战"活动以一年为一个周期，中途不增加人，于是她就只能和其他老师一起共读了 2018 年"啃读挑战"的最后两本共读书《课堂转型》和《苏霍姆林斯基教育学说》。2019 年 1 月，她签写了承诺书，正式成为 2019 年"啃读挑战"活动的一员。

结合当年的镇海区第三届寒假教师读书征文比赛，《浙江教育报》副主编吴志翔博士的《我依然看到那个少年》成了她的第一本自选书。她在寒假期间认真阅读，并写了篇题为《莫失少年心》的读书心得体会参加镇海区寒假教师读书征文比赛，获得了一等奖。

结合各个学校教师写这本书的心得体会的情况,2019年3月,我安排王慧斐在镇海区教育系统青年教师读书沙龙启动仪式暨《我依然看到那个少年》作者报告会上做主题分享。据她介绍,在做主题分享的时候,听到自己的声音通过话筒在会场传播,真的有一种很自豪的感觉。

2019年10月,她通过阅读"啃读挑战"活动的第三本共读书《教育,向美而生》,认真撰写的读书心得体会《郑英老师教我的三个为师之道》在全区暑假教师读书征文比赛中获得一等奖。此外,她读"啃读挑战"活动的限选书《教学勇气》的读书心得体会《直面阳光,驱散心底的霾》在镇海区教育系统青年教师"共读教育经典,增强职业认同"专题读书征文比赛中获得三等奖。

2019年面向全区的3次读书征文比赛,王慧斐都参加了,并且获得了2次一等奖和1次三等奖。从这些读书征文形成的时间来看,都是在她入职第一年内写成的。一位新入职的教师,在见习期内能获得这些奖项,是她自己认真阅读带来的。这些奖项也进一步提高了她的阅读积极性。从某种程度上来说,这是阅读功利心转化为进取心的具体体现。

2019年的"啃读挑战"活动,除了四本共读书外,她还读了《岁月如歌》《教学勇气》《孔子传》《爱弥尔》四本限选书,以及《我依然看到那个少年》《我们仨》《皮囊》《岛上书店》四本自选书。

2019年的"啃读挑战"活动,她顺利完成。尽管她目前已经担任了班主任,教育教学工作忙碌了很多,但她还是毫不犹豫地继续参加2020年的"啃读挑战"活动。

阅读对新教师成长的作用究竟有多大？不同研究者有不同的说法。某学者的一项研究显示，读书对新教师成长的作用不大，而对教师二次成长的作用很大。那么，问题来了，究竟让教师在什么时候形成阅读习惯呢？如果因为读书对新教师作用不大，而不关注新教师的阅读，那么新教师就很难形成阅读习惯。如果一个教师从入职初期就形成了阅读习惯，那么在持续的阅读中，他的课堂视野会更广阔，教科研意识和能力都会提高。

很多人认为，教师职业生涯的前几年非常重要，如果不充分利用，就会错过专业成长的重要机遇期。学校也很重视对新教师的培养，不过大多在让新教师站稳讲台、提高课堂教学技能等方面发力。事实上，学校对新教师专业阅读方面的引领也是很重要的。尤其是今天的新教师，很多在大学时期没能形成良好的阅读习惯，如果入职初期不好好引领，真的会在碎片阅读的冲击下，更加远离有质量的专业阅读。

王慧斐老师在入职之初就形成了专业阅读的习惯，除了她自身的追求，与其学校良好的阅读氛围有很大的关系。她所在的尚志中学，2017年9月才正式开办。2018年1月时，该校仅有19名教师，在学校党支部副书记、副校长杨峰的带领下，全校有11人参加了"啃读挑战"，其中有好几位新教师。学校有这样的阅读氛围，自然会给新教师带来很大的触动。

区内其他学校也有一些教师在入职半年左右时参加了"啃读挑战"活动。如果学校有其他年龄层的教师同时参加，平常督促一下新教师，新教师完成"啃读挑战"的情况会比较好一些。有一所学校

2019年参加"啃读挑战"活动的4位教师均为新教师,虽然3人勉强完成任务,但第二年4位就全都退出了。

从2020年全区"啃读挑战"报名情况来看,全区共有85位教龄在3年内的教师参加。其中,有30位左右是入职半年的新教师。如果这些年轻教师能够在入职初期就形成专业阅读习惯,对他们今后的成长是很有帮助的。

让更多的新教师形成阅读习惯,学校该做些什么?教育业务部门该做些什么?相信王慧斐老师的阅读成长故事可以带来很多启示。

让更多教师走上专业阅读之路

在 2019 年"啃读挑战"总结表彰会上，六位被评为先进个人的教师进行了经验分享。其中有一位教师提到，若没有"啃读挑战"活动推荐的共读书，这样的书，自己肯定不会去阅读的。但读着读着，也读出了教育专业书籍的味道。

还有一位农村小学的教师在分享的时候提到，自己阅读的第一本教育专业书籍就是佐藤学的《教师花传书：专家型教师的成长》。这本书是"研之乐"读书会成立后的第二本共读书。她在播放的 PPT 中放上了近三年读过的书，其中有不少专业书籍。除了"啃读挑战"活动必须要读的共读书外，还有《薛瑞萍班级日志》《中国教育寻变》《学生管理的心理学智慧》《做一个学生喜欢的老师——我的为师之道》《过去的教师》《40 岁，开始学做教育》等。

我认真读过参与"啃读挑战"活动的教师写的年度小结。其中不少教师都提到，原先自己没有阅读教育专业书籍的意识，在参与"啃读挑战"活动中，才逐步走上专业阅读之路，形成了专业阅读的意识。

我曾在多种场合多次提到人大复印资料《中小学学校管理》曾全文转载的《上海市中学班主任阅读现状的调查研究》。这篇文章中，研究者表示，班主任的阅读缺乏专业性，这是很值得反思的。在班主任同时还是科任教师的当下，对班主任的阅读要求比单独的科任教师要高。这篇调查报告对其他教师而言，也是有启发意义的。试想，如果一个教师的阅读太大众化了，跟地铁上随便一个人都差不多，那么教师的专业性何以体现呢？

关于教师阅读的专业性，几年前我也进行过深入的思考。2015年，我在《今日教育》和《教师博览》上发表了《教师阅读应有"专业味"》和《教师的阅读首先要基于教育类》。

要让更多的教师走上专业阅读之路，学校和教育业务部门要有意识地引领。"研之乐"读书会发起的"啃读挑战"，推荐的共读书基本上以教育专业书籍为主，其他类型的书则让参与者在自选书中选择。这样的方式，能让教师阅读一定数量的教育专业书籍，同时又有一定的自主选择性，形成合理的阅读结构。

2018年"啃读挑战"采用"6本共读书+6本自选书"的方式。6本共读书，除了冯友兰《中国哲学简史》，其他均为教育类书籍。事实上，《中国哲学简史》也是"中国中小学教师基础阅读书目"30本基础书目中视野拓展类书籍。2019年"啃读挑战"采用"4本共读书+4本限选书+4本自选书"的方式，4本共读书为教育类书籍，4本限选书从20本以经典教育著作为主的图书中自主选择。2020年"啃读挑战"采用共读书不少于4本的方式，其中共读书从推荐书中自选，全年的总量不少于4本即可。2020年上半年推荐的6本书中，除了《人文的互联网》为人文社科类书籍，其他均为教育类书籍。

事实上，"啃读挑战"活动不仅直接影响参与者，而且还通过由学校承办读书分享会、镇海区教育局微信公众号发布活动信息等，影响更多的教师。比如，镇海区教育局微信公众号"镇海教育门户"曾推送过《镇海区教育系统举行2018年读书节（教科研专场）暨〈苏霍姆林斯基教育学说〉读书分享会》《"研之乐"读书会举行〈教育，向美而生〉读书分享会暨作者现场报告会》《"研之乐"读书会举行〈穿行于基础教育森林〉读书分享会》等文章。

2020年的"啃读挑战"活动，在原先区级层面的基础上，增加了校级层面，降低挑战要求。这样，原先对每年读写12本书的目标有点犯怵的教师，可以参加校级层面的活动。从区内各学校的报名情况来看，很多学校教师参加校级层面活动的积极性很高，不少学校是学校主要领导带头参与。为了打通区级层面和校级层面的活动，我们要求参与校级层面活动的教师，要从区级层面推荐的共读书中选至少2本。

这样，基于"啃读挑战"活动，更多教师有了亲近教育专业书籍的机会。让教师多读教育专业书籍究竟对不对？2020年1月，《教师月刊》2019年第10期的《朱永新答》栏目下，我读到了朱永新教授的《"教师阅读学"的独特价值》一文，进一步坚定了我大力推动教师专业阅读的信心。

在这篇文章中，朱永新教授主要是这样回答《教师月刊》林茶居提出的如何建设"教师阅读学"的问题的：朱永新教授认为，作为"教师阅读学"，首先要解决的是为什么、是什么和怎么样三个基本问题。也就是说，教师阅读为什么重要——这就解决了研究"教师阅读学"的意义问题；教师应该阅读什么——解决的是教师阅读的内容问题；教师应该如何阅读——解决的是教师阅读的方法问题。

教师阅读为什么重要的问题，这里就不说了。关于教师应该阅读什么，朱永新教授提出他们研制的"中国中小学教师基础阅读书目"作为服务于中国中小学教师的专业书目，就是为了解决读什么的问题。而这个书目分为职业认同、专业发展和视野拓展三类，超过70%的书籍都是跟教育和心理相关的教育专业书籍。这也充分说明了教师的阅读应该以教育专业书籍为主。

尽管每个人都有自己不同的阅读方法，但教师的阅读应该有一定的共性的方法。关于教师的阅读方法，朱永新教授认为需要"啃读"精神。他认为，教师的阅读，有些书是绕不过去的，他倡导教师认真地精读一些最重要的教育理论著作，用啃骨头的方法、钉钉子的方法精读细研，读透几本书，比如苏霍姆林斯基的《给教师的建议》、皮亚杰的《儿童心理学》、佐藤学的《静悄悄的革命》等。他认为，对一个教师而言，认真地"啃读"完这样的书，就会有阅读教育理论著作的勇气。而且，这些书中的理念和理论，会成为教师解决现实问题的"工具"和"脚手架"，教师会有面对复杂教育现象的底气。

朱永新教授的这篇文章，让我进一步感受到了阅读的价值所在。对于一些问题，高水平的专家和学者站得更高，说得更加到位，我为什么不在阅读中向这样的高人借力呢？

让更多教师形成专业阅读的自觉，"啃读挑战"是一条切实有效的路子。

后　记

推动教师阅读是"顺势而为"

2016年3月,我曾在《浙江教育报》发过一篇题为《十年:与全民阅读同行》的文章。此前不久,我在网上看到中宣部等部门召开全民阅读推进十周年工作会议的消息。客观地说,我有意识地去推动教师阅读就是从2006年开始的,只是当时并没有跟全民阅读联系起来。当时,宁波市教育局开展"读好书　促发展"活动,并推荐了50本(套)图书。在我的建议下,仁爱中学参与了宁波市教育局的读书活动,并获得了组织奖。当年,《教育信息报》开展了首届浙江省教师读书征文评选活动,因为学校刚好参加了市教育局的读书征文比赛,再参加省里的读书征文比赛可以说是水到渠成了。从那以后,仁爱中学参与了到目前为止总共13届省教师读书征文评选活动,我个人也成了这一评选活动的全程参与者和关注者。

以现在的眼光来看,当时宁波市教育局开展的读书活动和《教育信息报》开展的全省教师读书征文评选活动,很可能都是顺应全民阅读这一时代要求。从某种意义上说,我幸运地与全民阅读同行了。

从2006年起,我开始逐步扮演教师阅读推广人的角色,从最初的懵懵懂懂、一知半解到现在的有理有据、颇有成效，走出了一条边实践、边研究、边总结、边提高的教师阅读推广之路。除了实践中的成效，还形成了一定的理论研究成果。

可以这么说，我在推动教师阅读上所取得的各类成果，均是顺势而为之举。

自 2012 年 11 月全民阅读被写入党的十八大报告后，各类推进全民阅读的利好消息经常见诸媒体。正是《光明日报》在 2013 年世界读书日期间刊发的朱永新教授的《全民阅读应成为国家战略》，引发了我对教师在全民阅读中应该扮演的角色的思考。我认为，教师的职业性质，决定了教师要成为全民阅读的先行者和示范者。于是，也就有了 2014 年 4 月《教师阅读力》的出版。也正是因为这本书的出版，我获得了《中国教育报》"2014 年度推动读书十大人物"提名。2016 年 3 月，我获评 2015 浙江教育十大年度影响力人物。

从 2008 年担任仁爱中学教师读书社社长开始，我正式有意识地去努力推动教师阅读，经过 8 年的努力，仁爱中学的做法在 2016 年获宁波市"十佳校园阅读推广案例"一等奖。

2016 年我调入镇海区教科所工作后，考虑到区内不同学校教师阅读层面不均衡，组建了一支区域层面的读书团队，通过这个读书团队的示范引领作用，去推动全区教师的阅读。

幸运的是，我的直接领导、镇海教师进修学校党支部书记兼区教科所所长秦新宁是一个酷爱阅读的人。在他的大力支持下，镇海区"研之乐"教科研骨干读书会应运而生。因为有推动仁爱中学教师阅读的经验，我认识到在推动教师阅读的过程中，人是最关键的因素。

于是，我们就先加强以教科室负责人、中青年名优教师、优秀年轻教师"三位一体"的教师读书团队的建设，让每一所学校在推动教师阅读上均有组织者、示范者和先行者。在这个过程中，我们尤其注重教科室负责人这支队伍的建设，因为在一所学校推动教师阅读的过程中，首先要有人去做这件事，也就是说在教师阅读活动中，组织者到位是非常重要的。在组织者到位的基础上，如组织者、示范者和先行者这三个角色能一起发挥作用，相信一所学校的教师阅读很快就能走上正轨。

事实也是如此，每一所学校都有了教师阅读推广的组织者后，全区在浙江省教师读书征文评选活动中的获奖面就扩大了很多。原先很多教师都不知道有这项比赛，或者尽管知道也因为无人组织而无法参与。

我进入镇海区教科所工作后，不断有推动全民阅读的利好消息出现。比如从2014年起，全民阅读七入总理的《政府工作报告》。除了国家立法推动全民阅读，地方也纷纷通过立法的方式来推动全民阅读。比如宁波市于2019年10月通过了《宁波市全民阅读促进条例》，助力书香宁波建设，并于2020年4月1日起正式实施。

在国家大力推动全民阅读的时代背景下，推动区域教师阅读自然也有了更多的助力。这几年，镇海区在推动教师阅读方面所取得的成效，是有目共睹的。同时，推动区域教师阅读的研究也取得了多项成果。推动区域教师阅读的经验也被《浙江日报》《德育报》《浙江教育报》《现代金报》《宁波晚报》等多家媒体报道。

感谢我在仁爱中学时毛志挺、朱继幸、贺军辉、王姣慧这四任校长，他们都非常重视教师阅读，为我推动教师阅读实践和研究创造了良好的条件。现在，毛志挺是镇海区教育局党委书记兼局长，贺军辉是分管业务的副局长，他们对教师阅读非常重视，为我在推动区域教师阅读方面提供了很多支持。

感谢镇海教师进修学校王敏文校长和分管师训的校领导朱志芬对教师阅读的重视，在她们的支持下，教师阅读被纳入教师培训项目，让区内更多教师受益。

感谢区内多位校长和"研之乐"读书会的教师对教师阅读的重视，正是因为大家的共同努力，让阅读成了越来越多教师的生活方式。

感谢上海市教育考试院副院长常生龙先生对镇海区教师阅读的关注，并特别感谢他对本人的支持。感谢他在本书再版之际特意作序。

感谢宁波出版社陈静和邵晶晶两位编辑为本书面世所付出的努力。

我觉得，在推动教师阅读上，我赶上了好时代，在正确的时间做了正确的事，顺其自然地收获了很多"副产品"。在推动教师阅读这件顺势而为的事上，希望会有更多的同行者一起发力。

刘 波

2020 年 4 月